하버드 상위 1퍼센트의
감정조절 수업

하버드 상위 1퍼센트의

감 정 조 절   수 업

✳

장샤오닝 지음 ── 주은주 옮김

더모던
Themodern

.

감정을 다스려 내 감정의 주인이 되는 법

우리는 매 순간 눈으로 볼 수도 만질 수도 없는 감정과 함께 살아가고 있다. '기분이 안 좋아', '화가 나', '마음이 불안해', '울고 싶어', '이유는 모르겠지만 답답해'. 인간은 이렇게 다양한 감정을 느끼고 표현한다. 이런 감정들은 어디서 올까? 감정이 일어나는 메커니즘은 이해하기도 어렵지만 어떻게 다루어야 할지는 더 막연하다.

하버드 대학에서는 인간의 자기감정 조절 능력에 관해 조사한 적이 있다. 조사 결과에 따르면, 인생에서 성공으로 불릴 만한 것을 성취한 원동력의 80퍼센트 이상은 당사자의 올바른 감정 상태에서 비롯되었다. 기술적인 도움은 15퍼센트 정도에 지나지 않았다. 이는 자기감정을 조절하는 능력이 한 인간의 능력과 행복한 삶, 건강, 대인관계에까지 영향을 미친다는 것을 의미한다.

하버드 대학에서 진행한 또 다른 조사에서는 병원을 찾은 환자들의 약 90퍼센트가 정서적인 문제로 병을 앓게 되었다는 결과가 나왔다. 대부분의 암환자가 가족과 사이가 좋지 않거나 부정적인 감정을 강하게 느꼈고, 지나간 일을 후회하고 타인을 원망하는 데 인생의 많은 시간을 썼다. 감정은 일종의 에너지다. 부정적인 감정이 장기간 지속되면 몸에서 화학적인 반응이 일어나 정상적인 영양분 흡수를 방해한다. 그리고 신체 기관의 기능이 균형을 잃고 내부의 평형 체계가 망가져 각종 병이 생긴다.

우리는 삶 속에 존재하는 스트레스에 조금은 낙천적인 태도를 가져야 한다. 커피를 처음 마실 때는 씁쓸한 맛을 좋아하지 않았지만 어느새 쓴맛 뒤에 따라오는 향기를 즐기게 되지 않았던가. 이렇게 커피를 음미하듯 스트레스를 받아들이다 보면 쓴맛 뒤에 감춰진 보물을 발견할 수 있을 것이다. 사실상 대부분의 고통은 나를 한 뼘 더 성장하게 한다.

하버드 대학의 한 심리학 교수는 학생들에게 이런 가르침을 주었다.

"현란한 미디어와 속물적인 주변 사람들이 당신의 마음을 어지럽히더라도 다른 이와 나의 삶을 비교하지 말아야 합니다. 사람에겐 누구나 각자의 삶이 있고 행복은 비교 대상이 아니기 때문입니다. 이 사실을 기억하면 다른 사람과 나의 상황에 차이가 나더라도 비교하며 실망하지 않을 것입니다. 비교에서 벗어나야 진정한 자신의 모습으로 살아갈 수 있습니다. 그러면 자연스레 다른 사람의 평가에 초연해지고 진짜 나의 삶을 살 수 있게 됩니다."

하버드 대학은 많은 사람이 동경하는 세계 최고 지성인들의 집단이다. 하버드 대학의 독특한 사상과 정신은 많은 이에게 영감을 주었다. 이곳의 모든 강의가 특별하지만, 그중에서도 감정조절 수업은 학생들이 훌륭한 인재로 성장하는 데 큰 영향을 미쳤다.

이 책은 하버드 대학 감정조절 수업의 성공 사례를 종합한 것으로, 하버드 대학 스승들의 조언과 빌 게이츠, 마크 저커버그를 비롯한 졸업생들의 사례, 이 대학 출신 여러 심리학자들의 분석을 담고 있다. 생생한 사례를 통해 부정적인 감정이 생기는 원인을 밝히고 문제점을 분석해 감정을 조절하는 가장 효과적인 방법을 제시한다.

만약 지금 부정적인 감정에 시달리고 있고 거기서 벗어날 방법을 찾고 있다면 이 책을 펼쳐 보자. 부정적인 감정을 다스려 나를 지키는 방법과 묵은 생각의 틀을 깨는 방법, 스트레스와 분노를 새로운 에너지로 바꾸는 방법 등을 배움으로써 감정의 굴레에서 탈출하게 될 것이다. 또한 책을 덮을 때쯤엔 마음이 아주 홀가분해지고, 앞으로 내 감정의 주인이 되어 자유롭고 행복한 인생을 살아갈 수 있다는 자신감이 생길 것이다.

Contents

감정을 다스려

나를 지키는 연습

열등감, 예민함, 분노, 불안 같은 감정은

다양한 문제를 불러일으킨다.

불안해서 욱하고,

과도한 스트레스로 인해 경솔한 선택을 한다.

또 복합적인 감정으로 인해 자존감이 하락하고

비합리적인 생각에 속수무책으로 빠져든다.

이런 감정적, 정서적 문제는

우리를 좌절감에 빠지게 할 뿐 아니라

행복한 인생을 가로막는 걸림돌이 된다.

오랫동안 감정을 연구해 온 하버드 대학의 심리학자들은

다양한 감정이 생기는 원인을 알고

이를 올바르게 조절해야

성공적이고 행복한 인생을 살 수 있다는 메시지를 전한다.

욱하는 성질을 제어하려면

제이슨은 평소 주위에서 온화한 성격이라는 평을 들었다. 부하 직원들은 이 신사적인 상사를 믿고 따랐다. 그런데 어느 날 회의 중에 한 여직원이 자신의 의견에 격앙된 말투로 반대하자 그는 버럭 화를 냈다. 회의에 참석한 사람들은 여직원에게 삿대질을 하며 거칠게 구는 제이슨의 모습에 크게 놀랐다. 아니나 다를까. 여직원은 그 일을 회사 고위 임원에게 고발했고, 그는 코앞으로 다가왔던 승진 기회를 날리고 말았다.

혹시 당신에게도 제이슨처럼 욱하는 성질이 있는가? 한순간의 폭발적인 감정을 억제하지 못한다면 '세상에! 이게 화를 낼 일이었나? 내가 이렇게 자제력이 없는 사람이었어?' 하는 생각에 자주 괴로워하게 될 것이다. 자신의 감정을 스스로 통제하는 능력을 갖추지 못하면 곤경에 처할 수 있다.

욱하는 성질을 생리학적으로 살펴보면 '신경을 자극받을 때 일어나는 흥분성 반응'이다. 심리학에서는 이것을 '사고를 거

치지 않은 감정 반응'으로 간주한다. 감정을 폭발시키는 이유
는 자신을 보호하려는 심리 때문이다. 일종의 심리적 보상인
셈이다. 심리학자들이 조사한 바에 따르면, 자신감이 부족한
남성일수록 충동적인 감정에 휩쓸려 욱하는 일이 잦다고 한
다. 이는 사실 잘못된 자기 보호책이다.

　자기 효능감이 낮은 사람은 자신의 가치를 스스로 인정하지
않고 늘 남들에게 무시당한다고 느낀다. 이런 사람은 사소한
일에도 감정을 자제하지 못하고 분노를 폭발적으로 표출하거
나 충동적으로 행동하는 경우가 많다. 그럴 때 당사자는 비이
성적인 상태에 속하며 반항을 통해 쾌감을 느낀다.

　부인할 수 없는 사실은 이렇게 욱하는 성질도 자기감정의
일부라는 점이다. 물론 시간이 흘러 감정을 추스르고 나면
'그때 폭발했던 건 진짜 내가 아니야.'라고 생각하겠지만 말
이다. 이를 통해 욱하는 성질은 행동결손의 한 형태로서 외부
자극으로 일어나 이성을 잃고 무분별하고도 갑작스레 폭발
하며, 후폭풍을 분명하게 인지하지 못하는 행위라는 사실이
입증된다.

　감정의 색채가 강렬해지면 의식적으로 행동하지 못하고 경
솔하게 일을 처리하게 된다. 그뿐만 아니라 주변 사람들의 시
선이나 그 일이 불러올 후폭풍도 아랑곳하지 않는다. 제이슨
이 순간적으로 이성을 잃고 여직원에게 화냈듯이 말이다. 만
약 제이슨이 자신의 감정을 조절했다면 좋은 평판을 유지했을
것이고 승진도 했을 것이다.

어떤 일로 인해 감정이 격렬하게 끓어오를 때는 이를 드러내기 전에 잠시 가라앉히는 시간을 갖는 것이 좋다. 마음속으로 이렇게 말해보자.

'50까지만 센 뒤 화내야지.'

그러면 신기하게도 그 짧은 시간 동안 감정이 가라앉고 이성이 되돌아온다. 감정이 이성보다 앞서려는 순간, 잠시 멈추고 냉정해지는 시간을 가진다면 당신 마음속에 있던 악마는 어느새 저만큼 멀어질 것이다. 다음에 소개하는 방법들도 감정을 다스리는 데 도움이 될 것이다.

분위기를 전환하라

감정을 조절하는 효과적인 방법 중 하나는 분위기를 전환하는 것이다. 에너지와 주의력은 분위기에 맞춰 변한다. 단, 분위기 전환은 신속해야 한다. 부정적인 감정에 너무 오래 빠져 있으면 전환이 어려워진다.

한 걸음이 어렵다면 반걸음 물러서라

누군가와 다투게 되는 원인은 대부분 사소한 일이다. 냉정하게 바라보면 다툴 일도 아니다. 하지만 막상 자신이 그 상황에 처하면 먼저 물러서기가 쉽지 않다. 이때 포기하지 말고 내가 할 수 있는 일을 해보자. 한 걸음이 아니라 반걸음만 물러서보는 것이다. 그러면 나중에 꼴사납게 후회하는 것을 피할 수 있고, 감정을 조절하겠다는 목적도 이룰 수 있다.

솔직하게 대화하라

감정적으로 얽힌 상대가 있다면 생각과 느낌을 차분하게 나눠 보자. 만나서 대화하기가 껄끄럽다면 SNS나 이메일로 소통해도 좋다. 내 욱하는 성질로 인해 상대가 상처받았다면 진심 어린 사과를 하는 게 우선이다. 그런 다음 상대의 말을 열린 마음으로 들어준다. 이렇게 솔직하게 마음을 주고받으면 오히려 이전보다 관계가 더 좋아질 수도 있다.

운동으로 감정을 해소하라

하버드 대학 심리학자들은 감정을 해소하는 가장 효과적인 방법으로 운동을 꼽았다. 특히 등산, 수영, 달리기 등 체력을 많이 소모하는 활동이 효과적이다. 스스로 감정을 조절하기 어렵다고 느낄 때는 운동하러 가자. 들끓던 감정이 땀과 함께 몸 밖으로 배출될 것이다.

Point

감정이 격렬해질 때는 이를 드러내기 전에
잠시 가라앉히는 시간을 갖자.

지나친 생각의 함정에서 벗어나기

당신은 지금 아주 중요한 회의에 참석하고 있다. 얼마나 중요한 회의냐고? 이사장과 대주주들이 한자리에 모인 것만 봐도 알 수 있다. 며칠 전, 상사가 당신을 불러 팀에서 새로 추진하는 프로젝트의 프레젠테이션을 맡겼다. 이는 더없이 좋은 기회였다. 프레젠테이션을 잘 끝내기만 하면 승진은 따 놓은 당상이기 때문이었다. 그래서 며칠 동안 프레젠테이션을 연습하고 논리와 용어가 적절한지 검토했다.

그런데 회의 도중 예상치 못한 일이 일어났다. 이사장이 불쑥 끼어들어 "설명은 장황한데 무슨 말을 하는지 통 모르겠군요. 그래서 이 프로젝트의 핵심이 대체 뭡니까?"라고 말한 것이다. 순간 당신은 머릿속이 하얘졌다. 발언을 이어가며 최대한 조리 있게 말하려고 했지만 이미 자신감을 잃고 말았다.

회의가 끝난 뒤, 당신은 회의실을 떠나지 못하고 홀로 앉아 그곳에서 있었던 일을 되짚으며 한없이 자책했다.

'망했어. 보나마나 승진은 물 건너갔어. 앞으로는 나에게 중요한 일을 맡기지 않을 거야.'

심하게 자책하며 점점 부정적인 상상에 빠져든 당신은 급기야 직장에서 잘리고 돈도 벌지 못해 처량한 말년을 보내게 되리란 생각까지 하게 되었다.

하버드 대학의 심리학 교수 빈슨 파비아나는 생각의 함정과 관련해 다음과 같이 말했다.

"우리는 우리에게 주입된 많은 신념으로 이 세상을 표현합니다. 이런 태도에 익숙해지면 현상을 깊이 고찰하지 않고 단순하게 받아들여 내면화하게 되죠."

생각이 많으면 왜 문제가 생길까? 그 이유는 기대감과 걱정이라는 함정에 빠지기 때문이다. 앞서 상사가 프레젠테이션을 맡겼을 때 당신이 했던 생각의 흐름을 살펴보자. 처음엔 승진할 기회를 얻었다고 기대했다가, 이사장의 한마디에 프레젠테이션을 망치고 회사 생활도 이제 끝났다는 부정적인 생각에 사로잡히지 않았던가.

기대 심리도 문제지만 두려움은 더 큰 문제다. 상황을 과장해 일어나지도 않을 고통스러운 갖가지 장면들을 상상하며 망상에 빠져들게 하기 때문이다. 이때 실망감과 패배감 등 심한 스트레스를 받게 된다. 기대도 걱정도 과하면, 합리적이고 이성적인 생각을 방해한다.

그렇다면 지나친 생각의 함정에서 어떻게 벗어날 수 있을까? 파비아나가 제안한 다음 방법을 참고해 보자.

생각을 긍정적인 방향으로 전환하라

앞서 소개한 일화처럼 열심히 준비한 일이 실패로 돌아갔다고 가정해 보자. 이분법적 사고에 사로잡힌 사람은 '나는 잘하는 게 하나도 없어. 또 일을 망쳤잖아.'라고 생각한다. 이러한 극단적인 사고방식은 지각의 범위를 제한하여 삶 속에서 아무것도 배울 수 없게 만든다.

이에 반해 통합적인 관점을 지닌 사람은 도움이 되는 방향으로 생각을 전환한다.

'비록 지적을 받긴 했지만 열심히 준비했잖아. 나는 내 노력이 가치 있다고 믿어. 이 일로 인해 승진에서 아쉽게 제외된다고 해도 내년을 기대하며 더 열심히 하자.'

어떤 일이 내 예상과 다르게 돌아가거나 좋은 결과를 얻지 못했는가? 그렇다면 자신을 비난하거나 폄하하는 대신 이렇게 자문하는 것이 훨씬 도움이 될 것이다.

'내가 잘한 부분은 무엇이고 잘못한 부분은 무엇일까? 어떤 부분을 개선해야 다음에 더 좋은 결과를 얻을 수 있을까?'

목표를 성취하려면 충분한 시간과 노력이 필요하다

성공할 수 있다는 믿음은 긍정적인 정서다. 긍정적인 기대는 자존감을 높여주고 스스로 미래를 개척할 수 있다는 자신감도 심어준다. 하지만 이로 인해 오히려 실망스러운 미래와 마주하게 될 수도 있다.

유명한 어느 심리학자는 "가볍게 성공할 수 있다고 믿는 것은 실패의 애피타이저다."라고 했다. 성공은 부지런함을 기반으로 좌절을 극복하는 과정을 통해 이루어진다. 그런데 쉽게 성공할 수 있다는 환상에 사로잡히면 현실에 뒤통수를 얻어맞을 수도 있다. 이런 사람들은 어려움에 직면하면 목표로 향하던 발걸음을 쉽사리 멈춘다.

원하는 목표를 이루고 싶다면 충분한 시간과 노력을 들일 각오를 해야 한다. "자신의 능력을 단단히 믿어라. 단, 날씨가 좋을 때 돛을 고치는 걸 잊지 마라."라는 영국 속담을 기억하자.

불행한 상상에서 벗어나라

무슨 일이든 나쁜 방향으로 생각하는 습관을 가진 사람이 있다. 구급차 소리가 나면 혹시 나에게 소중한 사람이 불행한 일을 당한 건 아닌지 걱정하고, 업무 중에 실수하면 그로 인해 회사에서 잘리는 건 아닌지 두려워한다.

도미노 블록 하나가 넘어지면 다른 블록들도 같이 무너지는 것처럼, 사람들은 삶의 한 부분에 문제가 생기면 다른 부분도 잇달아 무너질 것 같은 불안감을 느낀다. 그런데 우리가 습관적으로 나쁜 방향으로 생각하는 데는 나름의 이유가 있다. 그것은 바로 원시시대 우리 조상들이 열악한 환경에서 최악의 상황과 맞닥뜨렸을 때 안전을 위해 본능적으로 만반의 준비를 갖추던 습관이 현재까지 남아 있기 때문이다.

그렇다면 어떻게 해야 불행한 상상에서 벗어날 수 있을까? 파비아나는 "사람은 자신의 감정을 외부 세계에 투사하는 경향이 있다."라고 말했다. 즉, 마음이 불안한 원인을 외부에서 찾음으로써 자신의 불안감을 확인하는 것이다. 그러므로 불행한 상상에 사로잡힐 때는 불안감의 원인을 찾지 말고, 현실에서 그런 불행한 일은 일어나지 않는다는 근거를 찾아야 나쁜 생각에서 벗어날 수 있다.

이분법의 환상에 빠지지 마라

파비아나에 따르면, 바라던 목적을 달성할 수 없다고 판단되면 상당수의 사람이 '완벽하지 못할 바에야 깨끗이 포기한다.'라고 생각한다고 한다.

인터넷 쇼핑을 하지 않겠다고 결심한 사람을 예로 들어 보자. 잘 참다가 유혹에 져 인터넷으로 물건을 샀다면, 그동안 해온 노력이 수포로 돌아간 것을 속상해하는 한편으로 '에라 모르겠다.' 하는 심정이 된다. 많은 사람이 이 지점에서 쇼핑과 폭식, 음주 등 그동안 잘 참아왔던 행동을 다시 시작한다. 왜 그럴까?

이유는 단순하다. '흑 아니면 백', '이거 아니면 저거'와 같은 이분법적 환상에 빠져 있기 때문이다. 이들에게 중간은 없다. 그래서 어떤 행동을 아예 하지 않거나 중독자가 되거나 둘 중 하나를 선택한다.

하지만 어떤 목표를 향해 달려가는 여정에는 좌절도 있고 도전도 있고 장애물도 있다. 중요한 것은 그것들을 만났을 때 원만하게 극복하려고 노력하는 자세다. 장애물과 어려움을 미리 예측하고, 어려움이 닥치면 계획을 수정하며 그에 맞는 대응책을 찾는 현명함이 필요하다.

Point

기대도 걱정도 과하면, 합리적이고 이성적인 생각을 방해한다.

1강 ✳ 감정을 다스려 나를 지키는 연습

불안감을 알고 나를 알면 백전백승

저녁 회식에서 빌은 새로 입사한 동료 옆자리에 앉았다. 새 동료는 탁월한 업무 능력을 갖춘 데다 취향도 비슷해 빌은 그에게 좋은 인상을 남기고 싶었다. 대화는 즐겁게 흘러갔고 빌은 새 동료가 자신을 유머러스한 사람으로 본다고 느꼈다. 그런데 별안간 분위기가 얼어붙더니 대화가 어색해졌다.

'내가 혹시 말실수를 했나?'

빌은 갑자기 불안해져 그에게 한 말을 차근히 되짚어 보았다. 하지만 도무지 이유를 알 수 없었다. 빌은 다시 그와 대화를 나누게 된다면, 조금 전에 했던 말 중에 오해를 살 만한 것이 있었는지 묻고 해명해야겠다고 생각했다. 하지만 다시 말을 걸어야 할지 말지 망설여졌다. 그러다가 관계가 더 나빠질까 봐 걱정스럽고 불안했기 때문이다.

불안감이란 도대체 어떤 감정일까? 18~19세기 심리학자들의 견해에 따르면 불안감은 상당히 고약한 감정이다. 불안감에 휩싸여 걱정할 때는 주의력이 분산되고 에너지가 완전히 소진된다. 또 몹시 불쾌해져 "이 불안감을 떨칠 수만 있다면 뭐든 다 하겠어!"라며 충동적으로 행동할 가능성도 있다.

불안감은 이성과 정면으로 배치되는 감정이다. 사람은 불안한 상태에서는 차분하게 생각할 수 없고, 도덕적이거나 이성적으로 행동하기도 어렵다. 그래서 고전 심리학자들은 불안감을 해소하는 것이 중요하다고 입을 모았다.

많은 심리학자가 불안감을 어둡고 부정적인 감정으로 묘사하지만 하버드 대학 심리학자들의 생각은 조금 다르다. 이들은 불안감을 사회생활을 원만하게 하고 도덕적인 삶을 살게 하는 핵심적인 감정으로 본다. 다시 말해 불안감을 반드시 필요한 감정으로서 올바르게 받아들여야 한다고 여긴다.

불안감은 어떤 측면에서 필요한 감정일까? 불안감은 자신에게 닥친 상황을 정확히 인식하여 그에 맞게 대응하고 행동하게 하는 효과가 있다. 빌이 새 동료와 옆자리에서 대화를 나누다가 분위기가 이상하다는 걸 깨닫고 대화 전체를 되짚어 보았듯 말이다. 이처럼 불안감은 내가 혹시 저질렀을지도 모를 실수를 돌아보고 만회하게 하며, 상대방을 조심스럽게 대하고 존중하는 태도를 지니게 한다. 이런 측면에서 보면 불안감은 불편한 동시에 유익한 감정이기도 하다.

미국 심리학자 데이비드 발로우는 "불안감은 잠재적 위험 상황을 알리는 대뇌의 경고이자 내재된 방어 기능을 발동시키는 심리적 기제다."라고 말했다. 이 말에서 알 수 있듯 불안감은 우리 능력을 더욱 향상시키고 성숙하게 하는 대단히 중요한 심리적 기제다. 예를 들어 사교 활동을 하다가 불안감이 들 때 이 감정을 잘 살피고 이용하면 대인관계를 원만하게 형성하고 유지할 수 있다.

'내 농담이 지나쳤나?'

'이런 말을 하면 기분이 나쁠 수도 있을 거야.'

'혹시 내가 너무 우둔해 보이는 건 아닐까?'

이렇게 불확실한 상황 속에서 느끼는 불안감은 행동을 조심스럽게 만든다. 다른 사람과 소통할 때 예의와 일반적인 규칙을 지키지 않으면 그로 인해 나쁜 인상을 줄지도 모른다는 불안감은 자신을 다시 한번 돌아보고 점검하도록 자극한다. 그래서 말실수를 하거나 예의에 어긋난 행동을 했을 때 곧장 사과하게 한다.

이 외에도 우리가 느끼는 불안감의 종류는 다양하다. 사랑하는 연인과 헤어질까 봐 불안할 수도 있고, 건강이 나빠질까 봐 불안할 수도 있고, 시험이나 취업에 실패할까 봐 불안할 수도 있다. 만약 내 앞에 닥친 일로 인해 불안감을 느낀다면 마음을 차분히 안정시킬 적절한 방법을 찾아야 한다. 다음 방법들을 활용하면 도움이 될 것이다.

불안할 때 몸이 보내는 신호를 감지하라

불안할 때 몸에는 어떤 변화가 나타날까? 보통 호흡이 가빠지고, 심장이 두근거리고, 근육이 경직되는 등의 변화가 찾아

온다. 이러한 신체 변화를 몸이 보내는 경고로 받아들여 불안
감을 유발하는 장소에서 벗어나자. 그런 다음 숨을 천천히 들
이마셨다가 내쉬고, 물을 좀 마신 뒤 마음이 편안해지는 음악
을 들어보자. 불안감에 휩싸였을 때 적용할 수 있는 나만의 행
동 요령을 찾는 것도 좋은 방법이다.

비합리적인 생각에 빠지지 마라

불안감을 느끼면 비합리적인 생각이 불쑥 떠오르며 감정 기
복이 심해진다. 이럴 때는 비합리적인 생각의 함정에 빠지지
않도록 스스로를 일깨워야 한다.

'침착해. 지금 상황은 네가 상상하는 것처럼 그렇게 나쁘지
않아.'

'생각을 멈춰! 한 가지 생각에 너무 빠지지 말자.'

비합리적인 생각 속에서 허우적대는 자신을 건질 수만 있
다면 혼잣말을 하든 속으로 생각하든 상관없다. 다만, 어떤 방
법이든 적용해 본 뒤 그 효과를 기록으로 남기자. 그러면 자신
에게 더 잘 맞는 방법을 골라 적용할 수 있어 효율적이다.

불안감을 제어하는 3단계

비합리적인 생각을 바로잡고 더 넓은 시선으로 상황을 바라
보는 방법을 소개한다. 이를 활용해 불안감의 긍정적인 작용
은 올바르게 활용하고 부정적인 작용은 줄여 나가자. 그러면
불안감에 휩싸일 때 당황하지 않고 그 감정이 주는 유익함과

해악을 구분하여 침착하게 대처할 수 있다.

첫 번째 단계는 자신에게 "내가 가장 자주 빠져드는 생각의 함정은 무엇인가?"라고 질문하는 것이다. 우리가 일상생활에서 종종 만나는 '생각의 함정'은 다음 여섯 가지로 추릴 수 있다.

- 객관적인 사실은 무시하고 감정과 느낌에 따라 결정하고 판단하기
- 일의 결과가 만족스럽지 않으면 모든 책임을 자신에게 돌리기
- 상황을 지나치게 심각하게 보는 버릇
- 무의식적인 자기 부정으로 인한 의기소침
- 흑백논리
- 자신의 능력과 가치 폄하, 자기 비하

내가 어떤 함정에 가장 자주 빠지는지 찾았는가? 그럼 두 번째 단계로 넘어가자. 이성적이고 객관적으로 행동하기 위해 다음 다섯 가지 질문을 스스로에게 던져 보자.

- 이 생각이 옳은지 그른지 증명할 수 있는 근거는 무엇일까?
- 내가 아는 것이 사실의 전부일까?
- 최악의 상황을 가정해 본다면 어떨까?
- 다른 사람(가족, 친구, 동료)은 이 문제를 어떻게 생각할까?

- 계속 이런 생각을 한다면 나에게 좋은 점과 나쁜 점은 무엇일까?

　마지막인 세 번째 단계는 주의를 환기하는 것이다. 위에서 소개한 방법대로 비합리적인 생각을 멈추고 스스로에게 질문을 던져 보았다면, 이제 거기에서 벗어날 차례다. 텔레비전 보기, 친구와 수다 떨기, 따뜻한 욕조에 몸 담그기, 음악 듣기와 같이 긍정적이고 단순한 행동을 해보자. 이 단순하면서도 사소한 행동은 당신의 주의를 다른 방향으로 돌릴 뿐 아니라 편안하고 즐거운 기분으로 이끌어 줄 것이다.

Point

불안감은 자신이 닥친 상황을 정확히 인식하여
그에 맞게 대응하고 행동하게 하는 효과가 있다.

나를 불행하게 하는 비합리적인 사고방식

존은 최근 들어 부쩍 우울해졌다. 자동차를 괜히 샀다는 생각이 들어서다. 이렇게 생각하는 이유는 차를 사기 전보다 삶의 질이 더 떨어졌기 때문이다. 존이 사는 지역은 원래 도로 상황이 좋지 않았는데, 차를 산 이후로 거의 매일 심각한 교통체증을 겪어야 했다. 도로가 꽉 막힐 때마다 존은 화가 나서 고함을 질렀다.

"그냥 지하철이나 타고 다닐 걸 차를 왜 산 거야? 편하려고 샀는데 더 불편해졌으니 돌아버리겠네. 젠장!"

존은 자신에게 일어난 일을 끔찍한 비극으로 여겼다. 편하게 출퇴근하려고 차를 샀지만 현실은 예상과 달랐기 때문이다. 이렇듯 삶은 늘 우리 예상과는 다른 방향으로 흘러간다. '이 일은 반드시 이렇게 되어야 해.'와 같이 좋은 결과를 제멋대로 예상할수록 그와는 다른 결과에 기분이 나빠질 수 있다.

누구나 존처럼 '내가 출근할 때 도로가 뻥뻥 뚫리면 좋겠다.'

라고 기대할 수 있다. 또한 '명절 연휴가 화요일부터니까 월요일도 이어서 쉬면 좋겠다.' 또는 '이 프로젝트의 적임자는 나뿐이야.'와 같은 생각을 할 수도 있다. 이런 생각 자체는 문제가 되지 않는다. 융통성 있고 합리적인 사람은 현실이 기대와 달라도 크게 실망하거나 화내지 않는다. 반면에 사고가 비합리적이고 경직된 사람은 자신의 생각과 다른 현실을 비극으로 여긴다.

사고가 경직된 사람은 부정적인 생각에 치우쳐 있기에 삶이 불안하고 고통스럽다. 여기에서 벗어나는 방법은 불확실한 상황을 자연스러운 것으로 받아들이는 것뿐이다. 일이 뜻대로 되지 않을 때는 두 가지 중 하나를 선택해야 한다. 그로 인한 괴로움에 빠져 허우적대거나, 유연하고 긍정적인 시각으로 문제를 처리하거나. 당연히 후자가 인생을 훨씬 즐겁게 살 수 있는 방법이다.

잘못된 생각으로 인한 스트레스를 줄이고 싶다면? 스트레스 상황이 닥칠 때마다 자신에게 다음 질문을 던져 보자. 그러면 심리적 압박이 훨씬 줄어들 것이다.

'이 일이 과연 내게 얼마나 중요할까?'

'며칠, 혹은 한 달 뒤에도 이 일이 머릿속에 남아 있을까?'

'내가 왜 이렇게까지 고통을 받아야 하지?'

행복한 사람은 삶이 자신의 생각대로 흘러가게 하려고 무리하게 애쓰지 않는다. 그저 변화를 인정하고 상황에 알맞게 대처해야 하는 사실을 당연하게 받아들인다. 나를 불행하게 하는 비합리적인 사고방식의 또 다른 예들을 소개한다. 혹시라도 내가 여기에 해당하진 않는지 살펴보자.

평범한 일을 부정적으로 확대 해석하기

살다 보면 이런저런 일이 일어나게 마련이다. 그런데 일상에서 일어나는 평범한 일의 결과를 지나치게 부정적으로 확대 해석하는 사람들이 있다.

'살이 2kg이나 쪘어. 남자친구가 날 돼지라고 생각할 거야. 이러다 차일지도 몰라.'

'어제 발표 수업 때 말을 더듬은 게 마음에 걸려. 우리 과 애들이 나를 바보 같다고 생각하면 어쩌지? 창피해서 휴학하고 싶어.'

'어제 상사가 내 인사를 받지 않았어. 혹시 내가 뭔가 잘못한 걸까?'

이렇게 확대 해석하는 사람은 늘 부정적인 감정과 두려움에 빠져 지낸다. 하지만 한 발짝 떨어져서 이성적으로 생각해 보면 별일 아닐뿐더러, 실제로 그런 일이 일어나더라도 그리 두려울 것이 없다는 사실을 나중에 깨닫게 된다.

'중도'를 모르는 흑백논리

흑백논리는 모든 현상을 긍정적 또는 부정적인 두 가지 측면으로만 판단하는 것을 뜻한다. 이는 다소 극단적인 사고방식이다. 그러나 인생에는 '중도'라는 것도 있다. 이 중도를 무시하면 사람을 좋거나 나쁘게만 평가하고, 일 또한 성공 아니면 실패 뿐이라고 여기게 된다. 하지만 세상에는 좋지도 않고 나쁘지도 않은, 딱 그 중간으로 판단할 수 있는 경우도 꽤 많다.

일부로 전체를 평가하기

이런 사고방식에 익숙한 사람은 자기가 가진 한정된 근거를 바탕으로 타인과 자신을 평가한다. 때로는 과거에 한 번 경험 했을 뿐인 일에 대해 '모든 사람', '전부', '절대'라는 표현을 사용한다. 이를테면 "난 하는 일마다 망쳐." 혹은 "사람들은 전부 이기적이야."라고 말하는 식이다.

경솔하게 결론 내리기

일에서 착오가 생기면 당신은 어떻게 반응하는가? 비합리 적인 사고방식에 사로잡힌 사람은 최악의 결과를 상상하며 부 정적인 시각으로 타인의 동기와 평가를 오해한다. 이렇게 경 솔하게 부정적인 결론을 내리면 그에 따른 고통은 오롯이 나 의 몫으로 돌아온다.

문제를 해결하려 노력하는 대신 비난하기

문제 상황에서 오직 비난만 일삼는 사람들이 있다. 이런 행 동의 가장 큰 문제점은 미움과 고통만 낳고 정작 문제는 해결 하지 못한다는 것이다. 어떤 문제가 발생했을 때 자신이 처한 상황을 개선하려고 행동하는 대신 남을 비난하기만 한다면,

상황 개선에 전혀 도움이 되지 않을 뿐만 아니라 문제 해결 능력도 점점 떨어진다.

부정적인 꼬리표 붙이기

인간은 지구상에서 가장 복잡한 동물이다. 사람마다 성격도 다르고 행동도 제각각이다. 그래서 타인을 평가하거나 태도를 논할 때 한두 가지만으로 단정 지을 순 없다. 하나의 행동이 그 사람을 전부 대변하지는 않기 때문이다. 그러니 한 가지 일로 다른 사람에게 부정적인 꼬리표를 붙이지 않도록 주의하자.

Point

융통성 있고 합리적인 사람은 현실이 기대와 달라도
크게 실망하거나 화내지 않는다.

자존감을 떨어뜨리는
생각의 영향에서 벗어나려면

올해 서른 살이 된 카덴은 공학연구소에서 일한다. 그는 지식과 기술 측면에서는 다른 연구원들에게 뒤지지 않았지만 동료와 상사의 골머리를 앓게 하는 존재였다. 대체 뭐가 문제일까? 문제는 바로 카덴의 낮은 자존감이었다.

카덴은 동료들과 학술 문제나 업무에 대해 논의할 때면 자신의 생각과 다른 의견은 무시하고 막무가내로 자기 생각을 밀어붙였다. 그리고 자기 의견이 받아들여지지 않으면 벌컥 화를 내거나 트집을 잡았다. 자신의 능력이 남들보다 한 수 위이고 자기 의견이 무조건 옳다고 생각했기 때문이다. 그는 '내 뜻을 따르지 않는 건 나와 맞서는 것이다.'라고 여겼다. 바닥으로 떨어진 자존감을 보상받기 위한 카덴의 이런 태도는 그의 일상부터 회사 생활까지 모든 부분에 영향을 미쳤다.

카덴과 연구소에서 오랫동안 같이 근무한 동료들도 그를 존중하는 것과 별개로 친해지길 꺼렸다. 업무 분장을 할 때도 카덴과 한 팀이 되길 바라는 동료가 없었다. 상사도 이런 문제로 고민이 많았다. 그런데도 카덴은 동료들이 자신을 무시한다고 여겼다.

하버드 대학 심리학자들은 마음의 건강을 진단할 때 사회에 잘 적응하는지 파악하는 것 외에 자기 자신을 어떻게 받아들이는지도 관찰한다. 타인의 칭찬과 존중은 당연히 사람의 자존감을 높인다. 그러나 진짜 자존감은 스스로를 존중하는 마음에서 비롯된다. 자존감은 자기 가치를 실현함으로써 높아진다.

자존감은 '자기 존중'과 '자기 믿음'으로 이루어져 있다. '자기 존중'은 자신에 대한 긍정적인 마음가짐으로서 외부에서 얻을 수 없는 것이고, '자기 믿음'은 익숙함에서 탈피해 도전에 임할 때 나오는 자신감이다. 자존감은 하늘에서 뚝 떨어지는 공짜 선물이 아니다. 자신을 사랑하고 존중하는 이 마음은 내부의 성숙한 사고와 가치를 통해 얻을 수 있는 의식이다.

많은 사람이 자존감을 떨어뜨리는 생각을 스스로 제어할 수 없다고 여긴다. 카덴도 '동료들이 나를 무시한다.'라는 생각을 멈출 수 없었다.

이렇게 부정적이고 혼란스러운 생각은 인생에 큰 해를 끼친다. 자존감이 현저히 낮아지고, 타인의 눈초리와 부정적인 말 한마디에 좌우되는 삶을 살게 된다.

그러나 생각은 인생에서 우리가 제어할 수 있는 몇 안 되는 것 중 하나다. 자존감을 떨어뜨리는 생각의 영향에서 벗어나고 싶다면 다음에 제시하는 방법들을 실천해 보자. 차츰 건강한 자존감을 회복할 것이다.

지금 내 생각의 방향이 어디를 향하는지 점검하라

어떤 일에 관한 생각에 빠져들 때는 다음을 점검해 보자.

'지금 내 생각이 어느 방향으로 가고 있는가? 문제를 해결할 방법에 온 신경을 집중하고 있는가?'

생각은 올바른 방향으로 흘러야 쓸모가 있다. 문제 자체에 매몰되어 생각이 제자리에서만 맴돈다면 해결의 실마리를 찾을 수 없고, 자존감을 높이는 데도 도움이 되지 않는다.

성공한 경험을 떠올려라

우리는 보통 실패한 경험을 먼저 떠올린다. 그러나 자신감과 힘을 얻고 싶다면 과거에 내가 성공적으로 해냈던 일을 떠올리는 게 좋다. 긍정적인 생각은 기분을 좋게 하고 일처리 능력도 향상시킨다. 자신감을 잃거나 스트레스를 받는 상황에서 성공한 경험을 떠올리며 '어려운 일이었지만 결국 해냈잖아. 이번에도 잘할 수 있을 거야.'와 같이 생각할 수 있다면 삶이 훨씬 수월해질 것이다.

두려움과 간접적으로 마주하는 연습을 하라

문제가 꼭 나쁜 것은 아니다. 문제를 해결하는 과정에서 우리는 자신의 강인함을 체험하고 이를 통해 자존감을 기를 수 있다. 단순하지만 의미 있는 방식으로 날마다 자신을 단련해 보는 것은 어떨까? 예를 들어 많은 사람 앞에서 말하는 것이 두렵다면, 친한 친구나 직장 동료 앞에서 말하는 것부터 시도해 보자. 이렇게 두려움과 간접적으로 마주하고 극복하는 과정을 거치다 보면, 나의 자존감을 좀먹던 두려움이 사실 별것 아니었음을 알게 되고 자신감이 생긴다.

긍정적인 측면에 주목하라

내 인생이 남들보다 불행하다고 여기는 사람은 마음의 건강을 유지하기 어렵다. 예를 들어 실직하면 대부분의 사람들이 마음에 상처를 입고 두려움에 휩싸여 자신을 쓸모없는 사람으로 여긴다. 하지만 내면이 건강한 사람은 최악의 순간에도 희망을 발견하려고 노력한다. '어쩌면 더 나은 삶을 살게될 기회일지도 몰라. 원래 내 꿈이었던 바리스타에 다시 도전해 보자.'와 같이 긍정적으로 생각하며 상황을 타개하려고 한다.

자존감은 내 생각의 뼈대와 같다. 건강한 자존감은 하루아침에 생기지 않는다. 굳세고 긍정적인 마음가짐으로 부정적인 생각을 통제할 때 자신감이 생기고 자존감도 높아진다. 그런데 자존감이 지나치게 높으면 도리어 마음에 병이 생길 위험이 있다. 이 경우 체면을 중시하고 허영심이 과해져 타인의 시선과 태도에 민감하게 반응하며, 자기 생각대로 살지 못하고 타인에게 휘둘리는 삶을 살게 된다. 자존감이 너무 낮아도 문제지만 이렇게 자존감이 지나치게 높아도 문제가 될 수 있음을 기억하자. 다음은 건강한 자존감을 갖추기 위해 매일 아침 거울 앞에서 실천해 볼 만한 것들이다.

- 내 능력과 결심에 대해 긍정적인 마음가짐이 생길 때까지 세 번에서 다섯 번 정도 크게 심호흡한다.
- 거울에 비친 내 눈을 응시하며 내가 바라는 것과 이를 이루겠다는 확고한 결심을 분명하게 소리 내어 말한다.
- 거울에 내 바람을 쓴 문구나 나에게 힘을 주는 격언을 붙여 놓고, 거울을 볼 때마다 몇 번씩 읽는다.
- 매번 거울 앞에 서서 자신에게 말한다. "난 성공할 거야. 누구도 날 막지 못해."

(Point)

진짜 자존감은 스스로를 존중하는 마음에서 비롯된다.

1강 ✳ 감정을 다스려 나를 지키는 연습

열등감을 극복하면
인생이 어떻게 달라질까?

열등감은 부정적인 자기 평가나 자기 인식에서 비롯된다. 열등감이 있는 사람은 자신의 능력을 항상 과소평가한다. 또 자신의 단점과 타인의 장점을 비교하며 자신을 남보다 못하다고 여긴다. 그러다 보니 매사에 자신감이 없고 비관적이며 다음과 같은 말을 입에 달고 산다.

"난 못 해."

"이번에도 실패할 거야."

"희망이 없어."

열등감을 한 번도 느껴보지 않은 사람은 없다. 하지만 그런 위험한 마음이 자신을 조종하도록 방치해선 안 된다. 열등감을 극복한 사람과 그렇지 못한 사람의 삶은 180도로 달라질 수 있기 때문이다. 다음 두 일화를 살펴보자.

1951년 영국의 과학자 로잘린드 프랭클린은 DNA의 X선 회절 사진을 직접 찍었다. 그녀는 이 사진을 통해 DNA의 나선 구조를 발견하고 연구 보고회도 열었다. 그런데 프랭클린은 천성적으로 열등감과 의심이 많아 늘 자기 논점의 신뢰성에 의심을 품었고, 결국 자신이 제시한 가설을 갑작스럽게 철회해 버렸다.

그로부터 2년 뒤 제임스 왓슨과 프랜시스 크릭이 사진으로 DNA 분자 구조를 발견하고, DNA가 이중 나선 구조로 되어 있다는 가설을 제시했다. 프랭클린이 먼저 제시했으나 철회한 이 가설은 생물 시대의 시작을 상징하는 것이었다. 이 공로로 두 사람은 1962년 노벨생리의학상을 수상했다.

프랭클린이 긍정적이고 자신감이 넘치는 사람이었다면 어땠을까? 만약 그랬다면 자신의 가설을 굳게 믿고 진지하게 연구를 계속했을 것이다. 그리고 위대한 발견을 한 대가로 노벨생리의학상을 수상하고, 역사에 그 이름이 영원히 기록되었을지도 모른다.

이번에는 축구왕 펠레의 이야기를 살펴보자. 1956년 열여섯 살의 나이로 브라질에서 가장 유명한 축구 클럽 산투스 FC에 입단한 펠레는 클럽의 대스타 선수들이 자신을 무시할까봐 두려워했다. 축구장에 서면 대단한 실력을 발휘하는 선수이면서도 늘 긴장하고 자신의 실력을 의심했다. 그러던 어느날, 펠레는 더 이상 공연한 의심을 품지 않기로 결심하고 모든 것을 잊은 채 축구에만 집중했다. 자신감에 넘치는 그를 누구도 막지 못했다. 결국 펠레는 세계 최초로 모든 경기를 통틀어 1,000골을 넣은 선수가 되었다.

프랭클린과 펠레의 일화에서 알 수 있듯 열등감에 빠져 헤어 나오지 못하면 스스로를 망가뜨리게 된다. 이와 반대로 열등감을 극복하고 자신을 믿으면 해내지 못할 일이 없다.

대부분의 사람들이 시험, 취업, 승진 등에 성공하기 위해 이를 악물고 남과 경쟁한다. 그런데 정작 인생 최대의 적인 자기 자신은 이기지 못하는 경우가 많다. 결정적인 순간, 의심 앞에 무릎 꿇고 자신을 믿지 못하면 프랭클린처럼 소중한 기회를 잃을 수도 있다. 그러니 나에 대한 믿음을 잃지 말자. 이 믿음을 바탕으로 삶의 도전들을 받아들인다면 누구나 눈부신 인생을 써내려갈 수 있을 것이다.

단점이 아닌 장점에 주목하자

나의 장점은 무엇일까? 나는 어떤 점에서 뛰어날까?

진지하게 이 질문을 스스로에게 던지고, 나를 깊이 있게 파악하는 시간을 가져 보자. 자신을 안다는 것은 추상적인 이미지뿐 아니라 내 감정 상태와 자기 평가까지 모두 포함한다. 세상에 완벽한 사람은 없다. 누구나 장점과 단점, 강점과 약점이 있게 마련이다. 핵심은 어디에 집중할 것인지 결정하는 것이다. 나의 관심을 장점에 집중하면 나의 능력이 자연스럽게 모습을 드러내며 발휘된다.

자신을 아끼고 격려하자

종이 한 장을 준비해 과거에 내가 잘했거나 성과를 거둔 일을 죽 적어 보자. 처음엔 생각이 다소 막히더라도 곧 술술 쓰게 될 것이다. 그런 다음 그 일을 하나하나 칭찬하는 시간을 가져 보자. 그러면 의기소침하다가도 자신감이 생긴다. 이렇게 스스로를 격려할 줄 아는 사람은 어려움이 생겨도 거뜬히 극복할 수 있다.

사람에게는 타고난 재능이 한 가지씩 있다. 그러니 지금 열등감의 늪에 빠져 있다면 자신을 믿고 일어서자. 나 자신에 대한 믿음을 유지하고, 긍정적인 감정으로 마음속의 불필요한 열등감을 제거한다면 내 삶의 진정한 주인으로 살 수 있다.

Point

무슨 일이 있어도 나 자신에 대한 믿음을 잃지 말자.

조급할수록 성공과 멀어지는 이유

루카스는 직장을 자주 옮기는 편이다. 루카스의 가족들과 친한 친구는 그가 이미 열 번이나 직장을 옮긴 것에 대해 걱정했다. 어느 날, 동창들과 만난 자리에서 루카스는 자신의 고민을 털어놓았다.

"너희는 다들 직장에서 점점 능력을 인정받는데, 나는 아직도 자리를 못 잡고 새로운 직장을 찾고 있어. 처음 직장에 들어가면 신입에게는 중요한 임무를 맡기지 않잖아. 그러다 보니 내가 하는 일이라곤 서류를 복사하거나 선배들을 지원하는 부수적인 일뿐이야. 난 정말 실력으로 사람들을 깜짝 놀라게 할 자신이 있거든. 그런데 아무도 내게 기회를 주지 않더라고. 내가 자꾸 직장을 옮기는 이유도 그 때문인 것 같아. 내 재능을 알아봐 줄 회사가 있을까? 나한테 딱 맞는 직장을 찾기가 너무 어려워."

직장과 관련해 루카스를 지배하는 감정은 조바심이다. 조바심은 신경계통이 과도하게 흥분하거나 충동을 일으킬 때 나타나는 것으로, 사회생활을 할 때 가장 경계해야 할 감정이다.

마음이 조급하면 자신의 현재 위치를 돌아보지 않고 그저 타인의 성공을 부러워하며 '나도 빨리 저 위치에 올라야지.' 하고 생각한다. 누구나 성공을 갈망하기에 그런 태도를 비난할 이유는 없다. 문제는 자신의 상황을 직시하지 못하고 높은 기대만 품는 데 있다. 아직 능력이 부족한데 꿈만 크다면 현실의 벽 앞에서 좌절하기 쉽다.

우리는 살면서 자신을 위한 목표를 세운다. 목표는 루카스처럼 직장에서 능력을 인정받는 것이 될 수도 있고, 시험에 합격하거나 사업을 확장하는 것이 될 수도 있다. 그런데 인내심이 부족하면 꾸준하게 노력하기 어렵고, 결과적으로 성공과 거리가 멀어져 시간만 낭비한 꼴이 된다. 이른바 벼락치기로 단번에 목표를 이루려는 기대가 실현될 가능성은 사실상 희박하다.

조바심은 우리 몸과 마음의 건강을 해친다. 스트레스로 인해 대뇌가 장기간 휴식하지 못하고 흥분 상태에 있으면 신체 기능의 밸런스가 깨진다. 인생은 마라톤이다. 그러니 너무 조급해하지 말고 단번에 성공하려고 과욕을 부리지도 말자. 꾸준함과 인내는 우리가 살면서 반드시 지녀야 할 정신적인 역량이다. 마음이 조급해질 때는 다음과 같이 노력해 보자. 그러면 훨씬 좋은 결과를 얻을 수 있을 것이다.

- 기대를 낮추고 지나친 걱정이나 환상을 품지 않는다.
- 스트레스를 받으면 음악 듣기처럼 여유를 찾을 수 있는 행동을 한다.
- 친구 또는 가족과 통화하며 고민거리를 털어놓는다.
- 결과를 생각하지 말고 과정에 최선을 다하며 오로지 '현재'에만 집중한다.

Point

꾸준함과 인내는 우리가 살면서 반드시 지녀야 할

정신적인 역량이다.

과도한 업무 스트레스와 경솔함

다니엘은 회사에서 판매지역관리 업무를 맡게 되었다. 그는 꼼꼼하게 연간업무 계획을 세웠다. 봄에는 영업사원 채용, 여름에는 전 지역 매출액 50% 상승, 가을에는 상품 점유율 50% 달성, 겨울에는 전 지역 매출을 배로 올리는 방안 마련이 그의 계획이었다.

5월에 접어들자 다니엘은 자신의 계획이 예상대로 진행되지 않는다는 사실을 깨달았다. 훌륭한 영업사원을 채용하겠다는 계획은 실현했지만, 업무 프로세스에 적응하자마자 대우가 좋은 다른 회사로 옮기는 일이 많았다. 그리고 다른 계획들도 실현 가능성이 낮았다.

다니엘은 점점 불안해졌다. 이대로 가다가는 연말까지 팀장직을 유지하기도 어려울 것 같았다. 그간의 노력이 헛수고가 되는 상황을 지켜보자니 점점 울화가 치밀었다. 분위기를 쇄신하려고 근무 태도가 나쁜 직원은 해고하고 태도가 좋은

1강 ✳ 감정을 다스려 나를 지키는 연습

직원만 아꼈는데, 이런 차별대우가 오히려 팀 분위기를 엉망으로 만들었다. 어수선한 분위기 속에서 결국 팀에 큰 문제가 생겼고 어쩔 수 없이 결국 사직서를 제출해야 했다.

다니엘은 성과를 거두기 위해 열심히 노력했다. 그런데 왜 회사를 그만두는 지경에 이르렀을까? 그 이유는 경솔함 때문이었다. 마음이 어지러우면 이성적인 판단을 내리기 어렵고, 이성이 힘을 발휘하지 못하면 부정적인 감정이 끊임없이 터져나온다.

성공을 갈망하고 성과를 거두려고 노력하는 것 자체는 그릇된 바람이 아니다. 하지만 그 바람이 너무 커지면 오히려 성공을 가로막는 장애요인이 된다. 경솔한 사람들은 서두르는 경향이 있고 단번에 성과를 내려고 한다. 생각도 자주 바뀌고 행동 또한 한결같지 않다.

현대 사회에서 많은 사람을 경솔하게 행동하게 하는 가장 직접적인 원인은 경쟁에서 오는 과중한 업무 스트레스다. 다니엘 역시 성과를 내지 못하면 팀장 지위를 유지하지 못할 거라는 극심한 스트레스에 시달렸고 이것이 경솔한 행동을 부추겼다. 많은 사람이 이렇게 생각한다.

'스스로 쟁취하지 않으면 아무것도 얻을 수 없어.'

'이러다 뒤처질까 봐 두려워. 더 노력해야 해.'

이렇듯 현대인에게 경쟁은 대단히 현실적인 문제다. 하지만 가혹한 환경에서 살아남기 위해 스트레스에 휘둘려 경솔하게 행동하기보다는 차라리 다른 해결책을 찾는 것이 낫다. 경솔함의 원인과 이를 극복하는 방법 등을 살펴보자.

경솔함 체크 리스트

자신에게 경솔한 면이 있는지 궁금하다면 다음 항목에 해당하는지 체크해 보자.

- □ 마음이 항상 불안하고 두려우며 자신과 미래에 대해 자신감이 없다.
- □ 초조하고 불안해서 늘 타인과 자신을 비교한다.
- □ 평소 깊이 생각하지 않고 때로는 생각 없이 행동한다.
- □ 공부, 일 등에 차분하게 집중하지 못하고 산만하다.

여기에 3개 이상 해당한다면 경솔한 면이 있다고 할 수 있다. 하지만 사람은 누구나 이런 모습을 조금씩 가지고 있으며 특히 젊을 때는 경솔할 가능성이 크다. 그러니 크게 걱정하지 말고 마음을 차분하게 가라앉히자. 당신은 지금도 성장하는 중이다.

불안한 자아와 경솔함

외부 환경이 아무리 변해도 사람에게 가장 큰 영향을 미치는 것은 자신의 마음이다. 외부에서 오는 충격을 받아도 늘 평온한 마음을 유지하는 사람들이 있다. 이런 사람들은 마치 속세를 초월한 듯이 살아간다. 반면 어떤 사람들은 환경에 작은 변화만 생겨도 불안감을 감추지 못한다. 불안하면 경솔해지기 쉽다. 따라서 경솔함의 가장 근본적인 원인은 외부가 아닌 자기 내면에 있다고 말할 수 있다. 남과 자신을 비교하고, 빠른 성공을 기대하며 지나치게 경쟁적이 되면 심리가 불안해질 수밖에 없다.

자신을 객관적으로 평가하라

경솔함과 싸우는 요령 중 하나는 자신을 객관적으로 바라보는 것이다. 자기 능력을 높이 평가하면서 자신이 성공하지 못하는 이유를 기회가 없었던 탓으로 돌리는 사람들이 있다. 반면에 자기 능력을 너무 낮게 평가해 도전과 기회 앞에서 머뭇거리다가 기회를 놓치는 사람들도 있다. 자신을 과대평가하는 것과 낮게 평가하는 것 모두 자신에게 도움이 되지 않는다. 성공은 내 위치를 정확하게 인식하고 장단점을 분명하게 파악하여, 장점은 발전시키고 단점은 개선하는 것에서부터 시작된다.

의연한 태도를 가져라

의연하고 담담한 태도는 무사안일과는 다르다. 자신의 성공과 실패를 차분한 마음으로 받아들이고, 어려움 앞에서 침착하게 대처하는 쪽에 가깝다. 마음을 바로 세우면 자신의 원칙을 고수하며 눈앞에 닥친 문제를 냉정하게 분석할 수 있다. 이렇게 자신 앞에 펼쳐진 길을 착실하게 걸어가면 경솔함과는 점점 거리가 멀어질 것이다.

불안하면 경솔해지기 쉽다.

1강 ✳ 감정을 다스려 나를 지키는 연습

의존에서 벗어나려면 어떻게 해야 할까?

아만다는 남자친구와 2년이 넘게 사귀고 있다. 이제 두 사람은 눈빛만 봐도 서로 마음을 훤히 아는 사이가 되었다. 그런데 최근 아만다에게 고민이 생겼다. 남자친구가 옆에 없으면 불안하고 혹시라도 헤어지게 될까 봐 두려워진 것이다. 안 그러려고 노력해도 남자친구에게 의지하는 마음은 점점 커져만 갔다. 아만다는 자신의 이런 변화를 어떻게 받아들여야 할지 혼란스러웠다.

연인이나 부부가 서로 의지하는 것은 둘 사이에 애정과 행복이 충만함을 뜻한다. 그러나 아만다처럼 한쪽이 상대에게 의존하면 균형이 깨질 수 있고, 결국 상대가 갑갑함을 느껴 관계가 권태로워지거나 이별하게 된다.

의존은 다양한 형태로 나타난다. 사랑하는 사람에게 정서적으로 지나치게 의지하는 사람도 있고, 자신에게 닥친 현실의 어려움을 남은 이의 도움으로 해결하려는 사람도 있다. 타인에게 의지하는 버릇이 있으면 문제 상황이 생길 때마다 누군가 슈퍼맨처럼 나타나 자신을 구해주길 바란다. 그리고 아무도 자신을 도와주지 않으면 가족, 친구, 연인에게 불평을 늘어놓는다.

"날 사랑하지 않나 봐."

"정말 의리가 없어."

"난 왜 이렇게 가난한 집에서 태어났을까?"

이런 마음이 들 때는 한 번쯤 '그들에게 나를 도울 의무가 있나?' 하고 생각해 봐야 한다. 우리는 모두 저마다 삶의 무게를 짊어지고 살아간다. 아무리 가까운 사이라고 해도 나의 짐을 나누어 지기는 어렵다. 언제라도 나를 기꺼이 도울 수 있는 사람은 이 세상에 딱 한 명, 바로 자기 자신뿐이다.

모든 문제를 대신 해결해 주는 부유한 부모 밑에서 성장하는 아이는 부러움의 대상이다. 이런 든든한 배경을 갖지 못한 대다수의 사람들은 자신의 처지를 자조하는 표현으로 '흙수저'란 말을 사용한다. 하지만 흙수저든 금수저든 내 인생의 주인은 나 자신이다. 남에게 의지하는 태도는 자기 운명을 남에 손에 맡기겠다는 의사 표현과 같다.

한 젊은이가 어느 날 현인에게 물었다.

"선생님, 하나만 알려 주십시오. 과연 이 세상에 돈이 떨어지는 나무가 있습니까?"

현인은 잠시 침묵하다가 입을 열었다.

"있소."

젊은이가 반색하며 다시 물었다.

"그럼 돈 나무는 어떻게 생겼습니까?"

현인이 대답했다.

"나무 한 그루에 다섯 개의 가지가 있는데 살살 흔들면 돈 꽃이 핀다오."

젊은이는 신이 나서 돈 나무를 찾아 나서기로 했다. 그런데 막상 어디로 가야 찾을 수 있을지 막막했다. 아마 눈치 빠른 사람이라면 돈 나무가 무엇인지 알아차렸을 것이다. 젊은이는 한 농부를 찾아갔다가 그곳에서 해답을 얻었다.

"나무 한 그루에 가지가 다섯 개인데 흔들면 돈 꽃이 핀다고? 그건 자네 손이 아닌가. 자네 인생의 돈 나무는 바로 그 손일세."

이처럼 삶은 내 손으로 가꾸는 것이다. 나를 믿고 노력하면 어떤 어려움도 극복할 수 있다. 현인이 준 교훈과 관련하여 괴테의 말을 들어 보자.

"우리는 부모와 친척의 보호를 받으며 자랐습니다. 또 형제와 친구에게 의지하고 사랑하는 사람과 교제하며 행복을 느낍니다. 그럼에도 결국 인류가 믿고 의지할 존재는 자기 자신입니다."

하버드 대학 심리학 교수인 윌리엄 폴락은 의존성에서 벗어나려면 무엇보다도 인격적으로 독립해야 한다고 말했다. 그리고 다음 몇 가지 실천 사항을 제시했다.

- 적막의 고통을 받아들이고 고독을 즐길 줄 안다.
- 특정한 사람에게만 지나치게 의지하지 않도록 여러 사람과 어울리며 관심을 분산시킨다.
- 스스로 어려움을 극복하기 위해 노력하며 삶을 향한 도전을 시작한다.

　　현인, 괴테, 폴락이 말한 것처럼 운명의 밧줄은 자기 손으로 단단히 움켜쥐어야 한다. 남을 의지하느니 자신을 믿는 편이 낫다. 그러면 인생을 살아가며 만나는 비바람 속에서도 쓰러지지 않고, 반짝이는 해를 다시 맞이할 수 있을 것이다.

(Point)

언제라도 나를 도울 수 있는 사람은 이 세상에 딱 한 명,
바로 자기 자신뿐이다.

1강 ✵ 감정을 다스려 나를 지키는 연습

감정을 조절하면

삶이 바뀐다

우리는 늘 외부에 대한 심리적 반응으로 감정을 느낀다.

좋은 감정은 기쁨과 자신감을 주어 성공을 앞당기고,

나쁜 감정은 우울감과 열등감을 주어

실패의 도화선이 된다.

하버드 대학 출신들은 마음의 동요가 생기는 상황에서도

감정을 조절할 수 있는지 여부를 한 사람의 성숙함을

평가하는 척도로 본다.

'나는 내 감정에 책임이 있다.' 또는

'나는 내 감정을 조절할 수 있다.' 등의 생각은

성숙한 어른이 갖춰야 할 심리 습관 중 하나다.

이런 성숙함을 갖춘다면 우리는 아무리 어려운 상황에서도

자신의 삶을 바꿀 수 있다.

무엇이 봇짐을
가볍게 혹은 무겁게 하는 걸까?

한 노승이 갓 출가한 제자를 데리고 여러 지방을 순회하고 있었다. 여정이 고되고 짐이 무거워 제자는 툭하면 조금만 쉬었다 가자고 졸랐다. 그때마다 노승은 "조금만 더 가자꾸나." 하고 말하며 빠른 걸음으로 앞서갔고, 어린 제자는 스승의 뒤를 쫓느라 숨을 헐떡였다.

하루는 끝없이 이어지는 산길을 걸어가다가 작은 마을에 접어들었다. 제자가 길바닥에 털썩 주저앉으며 "스님, 더는 못 움직이겠습니다. 조금만 쉬었다가 가시지요."라고 말했다. 노승이 달랬으나 제자는 움직일 기미가 없었다.

때마침 한 여인이 곁으로 다가왔다. 그때 노승이 별안간 여인의 두 손을 덥석 잡았다. 여인이 깜짝 놀라 뿌리치려 했지만 노승은 손을 꼭 잡고 놓아주지 않았다. 여인은 소리를 질렀다.

"스님이 어찌 이리 무례한 행동을 하시나요? 여기 아무도 없어요? 저 좀 도와주세요!"

근처에서 밭을 갈던 사람, 집 안에 있던 사람이 고함소리를 듣고 내다보았다. 그러고는 노승이 여인의 손을 끌어당기는 광경에 분노해 "저놈 잡아라!"라고 소리치며 뛰어나왔다. 그제야 노승은 여인의 손을 놓고 달아났다. 제자는 뜻밖의 광경에 어리둥절하다가 뒤늦게 정신을 차리고는 봇짐을 메고 냅다 달렸다.

두 사람은 "걸음아, 날 살려라!" 하고 도망쳤다. 그렇게 몇 갈래의 산길을 달리자 더는 쫓아오는 이들이 없었다. 두 사람은 걸음을 멈추고 가쁜 숨을 몰아쉬었다. 제자는 노승의 행동에 화가 났다.

"대체 무슨 마음으로 그러셨습니까? 그게 참선으로 도를 깨우친 부처님의 제자가 할 짓입니까? 전 이만 집으로 돌아가겠습니다."

노승은 제자의 비난을 들으며 옷에 묻은 흙먼지를 탁탁 털어 냈다. 그런 다음 조용히 물었다.

"아직도 그 봇짐이 무거우냐?"

제자는 그제야 자신이 봇짐을 메고 그 먼 길을 달려왔다는 사실이 생각났다.

"참 이상한 일입니다. 평소 스님을 따라다닐 땐 그렇게 무겁더니 아까 도망갈 땐 그런 생각이 전혀 들지 않았던 걸 보면요."

제자는 노승의 다정한 눈을 바라보다가 무릎을 '탁' 쳤다. 노승이 제자에게 깨달음을 주기 위해 여인의 손을 잡아당겼다는 걸 알아차렸기 때문이다.

이렇듯 마음가짐에 따라 상황을 대하는 감정과 태도가 달라진다. 봇짐을 부담스럽게 여길 땐 그 무게가 태산처럼 무겁게 제자의 어깨를 짓눌렀으나, 허둥지둥 도망칠 땐 봇짐의 무게를 생각할 겨를이 없었던 것이다.

삶도 이와 마찬가지다. 부담을 내려놓고 마음을 편안하게 가지면 고민이 확 줄어든다. "기분을 결정짓는 것은 환경이 아니라 마음가짐이다."라는 철학자 플라톤의 말처럼, 우리에겐 눈앞의 상황에 일희일비하지 않는 마음가짐이 필요하다. 내 기분은 스스로 책임지는 것이다. 좋은 기분과 나쁜 기분, 안정된 정서와 불안정한 정서는 종이 한 장 차이이고 모두 생각하기 나름이다.

마음가짐이란 무엇일까? 바로 현재의 내 삶과 인생을 대하는 태도라고 말할 수 있다. 마음가짐이 낙천적인 사람은 인생을 즐겁게 살아가고 비관적인 사람은 우울하게 살아간다. 올바른 마음가짐을 유지하며 인생의 여러 고개를 넘을 때 지녀야 할 마음을 기른다면, 분명 행복하고 만족스러운 날은 많아지고 걱정하고 좌절하는 날은 적어질 것이다. 한 개인의 마음가짐에 영향을 미치는 요소는 다음과 같다.

개인의 가치관

한 사람의 가치관은 세상을 바라보는 시각과 인생에서 얻은 깨달음을 바탕으로 형성된다. 긍정적인 사람은 걱정할 일이 많지 않고, 고마움을 아는 사람은 사소한 일로 이러쿵저러쿵 따지지 않는다. 또한, 합리적이고 발전적인 가치관을 형성하면 생각이 성숙해지고 기분도 자연스레 좋아진다.

사람과 일

내 인생에 도움이 되는 일과 사람을 만나면 삶이 풍요로워진다. 특히 건강한 대인관계를 맺으면 정서적으로 편안해진다.

주위 환경

환경이 쾌적하고 평화로우면 분위기가 여유롭고 편안해지며 기분도 상쾌해진다. 이와 반대로 무겁고 긴장된 환경에서는 마음이 답답해진다. 정서가 불안하고 기분이 엉망일 때는 환경을 바꿔보는 것이 좋다. 내가 머무는 공간을 깨끗이 청소하고, 가구의 배치를 바꾸고, 작은 인테리어 소품을 들여놓는 것만으로도 분위기를 전환할 수 있다. 마음이 편안하고 즐거워지면 세상을 보는 눈도 여유로워지고 일도 척척 진행된다.

Point

내 기분은 스스로 책임지는 것이다.

감정이 인생의 걸림돌이 되지 않게 하려면

세계적인 자기계발의 대가 토니 로빈스는 이렇게 말했다.

"성공의 비결 중 하나는 자기감정을 조절할 줄 아는 것이다. 당신이 감정을 조절할 수 있다면 인생을 뜻대로 꾸릴 수 있지만, 그러지 못한다면 자기 인생이라도 어쩔 도리가 없다."

인생에서 안 좋은 일들은 무능력하거나 지혜롭지 못해서 생기는 것이 아니다. 그보다는 자기감정을 조절하지 못해서 일어난다. 감정을 다스릴 줄 알아야 그것을 디딤돌 삼아 더 나은 미래를 만들어 갈 수 있다. 감정에 휘둘리면 인생을 방치하고 불평하느라 변화할 수 있는 많은 기회를 놓쳐 버린다.

두 여학생이 있었다. 그들은 같은 고향에서 태어나 도시에 있는 고등학교에 함께 진학했다. 그런데 사투리를 쓰다 보니 말만 하면 놀림감이 되었고 도시 학교의 높은 학업 수준을 따라가기도 힘들었다. 한 여학생은 고향의 선생님이 표준어를 제대로 쓰지 않아 자신도 이 모양이고, 집에서 농사일을 돕느라 공부할 시간이 없다고 투덜거렸다. 그러나 다른 여학생은 교실 한구석에서 조용히 제 할 일만 했다.

10년이 흘러 동창 모임이 열렸다. 세련되게 차려입은 한 여성이 나타나자 동창들은 깜짝 놀랐다. 교실 한구석에서 묵묵히 공부하며 표준어를 연습하던 시골뜨기 소녀가 능력 있는 전문직 여성으로 변신했기 때문이다. 그때 불평을 일삼았던 다른 여학생도 동창회에 참석했다. 그녀는 무능한 남편과 어려운 집안 형편에 대한 불평을 큰 소리로 떠들어 댔다. 불평이 계속되자 동창들은 슬슬 불편한 기색을 내비쳤다.

우리는 해리 포터 같은 마법사가 아니기에 주문으로 장애물을 사라지게 할 수 없다. 그러나 길을 가로막는 장애물을 두 손으로 들어 옮길 수는 있다. 노력으로 자신의 인생을 변화시킨 사람들은 "나약한 사람은 감정이 행동을 지배하고, 강인한 사람은 행동이 감정을 지배한다."라는 이치를 알고 있다. 삶이 더 행복하고, 일이 더 잘 풀리고, 사업이 뜻대로 이루어지기를 바란다면 무엇보다 자기감정을 조절할 줄 알아야 한다. 감정이 내 인생의 걸림돌이 되지 않게 하려면 어떻게 해야 할까? 다음에 제시하는 몇 가지 방법을 참고해 보자.

내 감정적 약점을 파악하라

자주 화내거나 자기감정을 주체하지 못하는 사람들이 있다. 그런 사람들은 먼저 자신에게 그런 모습이 있음을 인정해야 한다. 그리고 자신이 자주 화내는 이유가 무엇이고, 어떤 상황에서 쉽게 흥분하는지 진지하게 분석해야 한다. 그런 다음 내 감정적 약점을 극복하는 방법을 찾아보자. 예를 들어 자기 의견이 반대에 부딪혔을 때 쉽게 흥분하는 유형인가? 그렇다면 최대한 논쟁을 피하고, 내 의견에 대한 반박이 곧 나에 대한 반박은 아님을 이해해야 한다.

감정적이 될 땐 의식적으로 관심을 옮겨라

감정이 용솟음치기 시작하면 바로 폭발하지 않도록 의식적으로 화제를 돌리자. 청소나 텔레비전 시청 등 단순한 일을 하는 것이 좋다. 그러면 생각과 감정이 다른 일에 쏠려서 긴장이 완화되고 점점 이성을 되찾게 된다.

감정과 삶의 주인이 돼라

오늘도 내 삶이 못마땅한가? 감정에 휩싸여 제멋대로 굴고 싶은가? 삶은 내 두 손으로 가꾸어야 하는 것이다. 불평하는 데 쓸 시간과 에너지를 자신을 성장시키는 데 활용한다면 조금씩 성취의 기쁨을 느끼게 될 것이다. 감정이 인생을 망치게 두어선 안 된다. 이제부터라도 내 감정의 주인이 되자.

(Point)

나약한 사람은 감정이 행동을 지배하고,

강인한 사람은 행동이 감정을 지배한다.

수모를 당하고도 성공할 수 있었던 비결

앨리는 대학을 졸업하자마자 취업했다. 문제는 입사하고 몇 년이 지나도록 할 줄 아는 일이 없다는 것이었다. 그녀는 모르는 게 있어도 다른 사람에게 물어보는 것이 내키지 않아 간단한 일들만 겨우 처리하곤 했다.

연말이 되자 회사에서는 고객과의 미팅을 위해 직원들을 각 지역으로 파견했다. 앨리는 동료 살라와 한 팀이 되어 고객을 만나러 갔다. 두 사람이 만난 고객은 프랑스 사람이었다. 살라는 유창한 프랑스어로 고객과 적극적으로 대화를 이어 갔다. 하지만 프랑스어를 잘 모르는 앨리는 우두커니 앉아 있기만 했다. 살라가 미팅을 매끄럽게 진행한 덕에 고객은 다음 해에도 합작하겠다는 의향서에 서명했다.

미팅을 마치고 회사로 복귀한 다음 날, 사장이 심각한 얼굴로 앨리를 불렀다.

"어제 앨리 씨와 살라 씨가 만난 고객에게서 전화가 왔어요.

2강 ✳ 감정을 조절하면 삶이 바뀐다

고객 말이 미팅하러 온 직원 중에서 한 명은 업무에 대해 기본적인 대화도 통하지 않았다고 하더군요. 얼굴을 마주하고 이런 말을 하긴 그렇지만, 다음에는 그렇게 전문성 없는 사람은 자기 회사 업무에서 배제해 달라고 하더군요. 그래서 지금 앨리 씨의 거취를 어떻게 정해야 할지 고민이 되네요.”

순간 앨리는 머리가 멍해졌다. 그녀는 그길로 회사에서 뛰쳐나와 며칠 동안 울기만 했다. 그러다가 문득 책상 한쪽에 꽂힌 프랑스어 책을 보았다. 업무상 프랑스어를 자주 사용해야 해서 샀지만 몇 번 펼쳐 보지 않은 책이었다.

‘그동안 왜 내가 해야 할 일을 하지 않았을까? 처음엔 화가 나고 분했지만 지금은 내 잘못이란 생각이 들어. 나처럼 기본적인 업무 능력도 갖추지 못한 직원과 일하고 싶은 고객은 없을 거야. 앞으론 프랑스어를 열심히 공부해야지. 그리고 일도 열심히 배울 거야.’

그날 이후 앨리는 완전히 달라졌다. 매일 성실하게 프랑스어를 공부했고 운 좋게 한 외국계 기업에서 면접을 볼 기회를 얻었다. 면접관은 그녀의 유창한 프랑스어 실력에 깜짝 놀랐다. 입사 후 앨리는 적극적으로 일했고 어느새 회사에 없어선 안 될 인재로 성장했다. 앨리 스스로도 자신의 변화가 놀라웠다. 그러자 자신을 발전의 길로 이끌어 준 지난 회사의 경험에 오히려 감사한 마음을 갖게 되었다.

무시당하거나 비난받으면 누구나 분노를 느낀다. 그 이후의 반응은 자포자기하거나 발전하기 위해 더 노력하는 두 가지로

갈린다. 앨리는 후자에 해당했다. 부족한 능력 탓에 회사에서 수모를 당했지만, 그 일을 발판 삼아 실력을 쌓았고 결국 더 나은 미래를 맞이했기 때문이다. 만약 그때 앨리가 자포자기했다면 여전히 무기력하게 살아가거나 더욱 비참한 상황에 놓였을지도 모른다.

부정적인 감정을 잘 소화해 성공의 발판으로 삼으면 잠재능력이 계발되어 목표를 성취하는 데 도움이 된다. 감정을 조절하는 것은 부정적인 감정을 털어내고 긍정적인 감정을 불러일으키는 과정이다. 다시 말해 감정을 선택하는 하나의 방법이다. 긍정적인 감정을 선택하면 문제 해결의 주도권을 쥘 수 있고 불리한 상황을 유리하게 바꿀 수도 있다. 어떻게 해야 앨리처럼 부정적인 감정을 성공의 동력으로 삼을 수 있을까?

부정적인 경험은 성공의 발판이다

실패하거나 난처한 상황에 처했다면? 부정적인 경험을 발판 삼아 일어설 기회임을 깨닫자. 그러려면 우선 자신을 객관적으로 볼 줄 알아야 한다. 과대평가도 과소평가도 하지 말자. 자기 능력을 정확히 파악하는 사람은 자신이 충분히 감당할 수 있는 일을 하고 일의 결과도 합리적으로 예측한다. 그래야만 자신을 꾸준히 성장시키며 성공을 향해 한 걸음씩 나아갈 수 있다.

독립성을 기르고 자기 인생의 주인이 되어라

모든 위기는 기회를 내포하고 있다. 위기는 내가 인생에서 견지해야 할 것과 버려야 할 것이 무엇인지 알려준다. 자신만의 원칙 없이 부화뇌동하다가는 문제를 해결하기는커녕, 안개 속에 갇혀 서서히 자신을 잃게 된다. 앨리가 위기를 맞아 소극적인 모습에서 벗어나 자신을 발전시키기로 결정한 것처럼, 당신도 인생의 주인이 되기 위해 중대한 결정을 내려야 한다.

가족과 친구의 사랑을 느끼고 도움을 받아라

어른이든 아이든 누구나 살아가며 타인의 도움이 필요할 때가 있다. 특히 가족은 나를 진심으로 응원하고 가장 안전하게 보호해 주는 따뜻한 울타리다. 그러므로 어려움이 생기면 가족에게 털어놓고 위안받는 것이 좋다. 가족이나 친구에게 격려받으면 다친 마음이 회복되고 새로운 용기가 샘솟는다. 그리고 인생에서 겪는 어려움과 좌절을 자신감 있게 극복할 수 있다.

어두움 속에서 밝은 감정을 이끌어 내라

성공은 한결같은 마음에서 비롯된다. 한결같음은 한 사람이 오랜 기간 스스로 감정을 조절함으로써 품을 수 있는 역량이다. 밝고 긍정적인 감정은 무한한 잠재 능력을 발휘하게 하며 인생길에 탄탄대로를 열어준다. 그러나 어두운 감정은 사람을 점점 부정적으로 만든다. 이렇듯 감정을 조절하는 것은 무척 중요하다. 감정을 조절하여 긍정적인 환경을 조성해야만 자신의 무한한 잠재 능력을 발휘하여 마침내 성공을 거머쥘 수 있다.

Point

부정적인 감정을 잘 소화해 성공의 발판으로 삼으면
잠재 능력이 계발되어 목표를 성취하는 데 도움이 된다.

2강 ✳ 감정을 조절하면 삶이 바뀐다

하버드 총장이든 평범한 사람이든
누구에게나 존재하는 감정 사이클

'왜 기분이 자꾸 처질까?'

'왜 무슨 일을 해도 기운이 나지 않을까?'

가끔 내 감정을 알 수 없을 때가 있다. 게다가 이런 상태가 한동안 지속된다. 사람의 감정은 사계절이 번갈아 찾아오듯 주기적으로 변한다. '가을 탄다, 봄 탄다' 같은 말이 괜히 나오는 게 아니다.

감정이 고조되는 상태와 처지는 상태가 서로 교차하는 데 소요되는 주기를 '감정 사이클'이라고 한다. 긴장과 이완을 반복하는 신체의 주기적인 리듬을 반영한다고 해서 '감정의 바이오리듬'이라고 일컫기도 한다.

감정 사이클이 고조될 때는 생활에 활력이 넘친다. 사람들에게 친절하고 감정이 풍부해지며 일에도 성실하게 임한다. 반면에 감정 사이클이 처질 때는 마음이 조급해지고 걸핏하면 화를 내거나 변덕을 자주 부리며 외로움을 느낀다.

하버드 대학 총장을 지낸 드루 길핀 파우스트는 베이징 대학을 방문해 강연할 때 감정과 관련한 자신의 경험담을 소개했다.

"그동안 사명감을 갖고 학장 역할을 수행해 왔는데 갑자기 모든 일에 흥미를 잃었어요. 하루 종일 책상에 앉아서 서류를 처리하는 생활에도 진저리가 났죠. 이렇게 살다가는 미칠지도 모른다는 생각에 학교에 3개월간 휴가를 신청했습니다. 가족들에게는 '어디로 가는지 묻지 마. 일주일에 한 번씩 전화해서 안부를 전할 테니 걱정도 하지 말고.'라고 말했죠."

주변 정리를 마친 파우스트는 미국 남부 어느 구석에 있는 작은 마을로 떠났다. 그리고 그동안 지내온 휴가 기간에 한 번도 경험해 보지 못한 삶을 살았다. 식당에서 설거지를 하고 농장에서 허드렛일을 하는 등 닥치는 대로 아무 일이나 했다. 가끔 동료들과 함께 주인 몰래 밭에 앉아 쉬면서 수다를 떨기도 했다. 그녀에겐 모두 새롭고 신선한 일들이었다.

휴가 막바지에 그녀는 한 식당에서 설거지하는 일을 구했다. 그런데 일한 지 네 시간 만에 사장에게 불려 갔다. 사장은 네 시간 일한 임금을 계산해서 건네며 말했다.

"그쪽 사정이 참 딱해 보이지만 설거지하는 속도가 너무 느려요. 미안하지만 그만두셔야겠어요."

그래서 '사정이 딱해 보였던' 파우스트는 다시 하버드 대학 총장실로 돌아갔다.

익숙한 환경으로 돌아온 첫날, 그녀는 이상한 기분에 사로

잡혔다. 3개월 전과 달리 모든 것이 새롭게 보였다. 그녀는 남부 어느 시골에서의 일은 없었다는 듯 총장으로서 일상을 다시 시작했다. 오랫동안 해온 일이 마치 처음 하는 것처럼 새롭고 재미있기까지 했다.

감정 사이클은 이렇듯 하버드 대학 총장이든 평범한 사람이든 모두에게 존재한다. 이런 심리적 문제는 왜 주기적으로 나타날까? 그 이유는 다음과 같다.

- 세상과 소통하는 과정에서 피치 못하게 부정적인 감정이 생기고, 이것이 쌓이면 몸과 마음의 균형이 깨진다.
- 일과 생활에서 오는 스트레스가 심신이 감당할 수 있는 한계를 초과하면 감정이 제멋대로 날뛴다.
- 감정 사이클은 기상의 영향을 받기도 한다. 그중 밀물과 썰물의 영향이 가장 두드러지며, 달이 차고 기우는 것도 감정 기복에 상당한 영향을 미친다.
- 예민한 성격, 낯선 환경, 돌발적인 사건 등도 심리적 문제를 유발한다.

하버드 대학 심리실험실의 연구에 따르면 인간의 감정 사이클은 5주 간격으로 바뀐다. 하지만 사람마다 달라서 어떤 사람은 감정 사이클이 길고 어떤 사람은 짧다. 감정 사이클의 전반부를 감정 고조기라고 하고 후반부를 감정 다운기라고 한다. 고조된 감정이 급격히 다운되거나, 다운된 감정이 급격히 고조되는 시기를 '임계기'라고 부른다. 임계기는 보통 2~3일이며 이 시기에는 감정이 극도로 불안정해진다. 그리고 심리적 균형이 무너져 생활에 영향을 미칠 가능성이 크다.

감정이 고조되는 시기와 다운되는 시기는 감정 그래프를 그려 보면 알 수 있다. 준비물은 종이와 연필뿐이다. 종이 한 장에 세로축과 가로축을 그린다. 세로축에는 1일부터 31일까지 날짜를 표시한다. 가로축에는 '매우 기쁘다', '기쁘다', '괜찮다', '보통이다', '그저 그렇다', '슬프다', '우울하고 불안하다'로 감정지수를 세분화해 표시한다.

그래프를 준비했다면 매일 저녁 그날의 감정이 어땠는지 돌이켜보고 해당 날짜에 감정 상태를 체크한다. 꾸준히 작성한 뒤에 날짜와 감정지수를 연결하면 감정이 오르내리는 패턴이 보인다. 이 패턴이 자신의 감정 리듬인데 대체로 정확하다.

이렇게 몇 개월 동안 테스트를 지속하면 내 감정 고조기와 다운기가 언제인지를 알게 된다. 자신의 감정 사이클을 알면 감정이 언제 어떻게 변할지 예측할 수 있고 그에 맞게 행동을 조절할 수 있는 장점이 있다.

감정 고조기에는 신중히 생각해 행동하고 어떤 일이든 과도하게 흥분하지 않도록 주의하는 것이 좋다. 이 시기에 평소 어렵고 복잡하다고 여기던 일에 몰두하면 남아도는 에너지를 최대한 활용할 수 있다. 감정이 다운되는 시기엔 이렇게 처지는 기분 상태가 곧 나아질 거라고 스스로를 격려하며 기운을 내야 한다. 또 산책이나 운동 등 건강하고 유익한 활동을 하며 긴장을 풀고 마음을 느긋이 가지는 것이 좋다. 걱정거리가 있을 때 친구와 가족에게 털어놓아 마음의 위안과 지지를 받으면 감정적으로 위험한 시기를 무난하게 넘길 수 있다. 이렇게 감정 사이클은 감정의 변화를 알려주는 바로미터다. 부정적인 감정의 영향을 받지 않으려면 이런 감정 사이클을 잘 알고 현명하게 대처하는 것이 중요하다.

Point

걱정거리가 있을 때는 친구와 가족에게 털어놓아
마음의 위안과 지지를 받자.

행복을 원하면서도
늘 불평만 하는 당신에게

앨리스는 낙천적이고 긍정적인 여성으로 삶에 관한 노하우를 가지고 있었다. 그녀는 이른 아침에 일어나 거울 앞에서 큰 소리로 "오늘은 좋은 날이야!"라고 말하는 것으로 하루를 시작했다. 아직 기분이 풀리지 않는 일이 있거나 해결되지 않은 문제로 마음이 무거워도 항상 목소리를 높여 그렇게 말했다.

그런 다음엔 이를 깨끗하게 닦는 것이 아주 즐거운 일이라는 듯 양치질을 했다. 또, 세수할 때는 피부의 노폐물을 씻어낸다는 마음으로 했다. 일과 중에도 앨리스는 주변에서 일어나는 모든 일이 자신을 행복하게 해준다고 상상하며 항상 낙관적인 마음가짐을 가졌다. 이런 긍정적인 마음가짐이 바로 그녀의 행복 비결이었다.

이제 당신의 아침을 떠올려 보자. 앨리스처럼 하루를 유쾌하게 시작하려고 노력했는가? 아니면 피곤한 얼굴로 마지못해 회사나 학교로 향했는가? 많은 사람이 의식적으로 자신의 삶을 이끌지 못하고 불평만 한다. 출근길 버스 안이 사람으로 미어터져서, 직원들을 나무라기만 하는 팀장이 나보다 몇 배나 많은 월급을 챙겨서, 내 부모님이 부자가 아니라서 불평한다. 심지어는 구내식당 메뉴가 별로라는 이유로, 동료가 시끄럽게 웃는다는 이유로 불평한다.

행복한 삶을 추구하지만 늘 불평만 하는 사람들에게 앨리스의 모습은 귀감이 될 만하다. 행복한 삶의 조건은 의외로 단순하다. 바로 좋은 기분을 유지하는 것이다. 좋은 기분을 유지하면 여유롭지 않더라도 즐겁다. 지칠 때는 좋아하는 노래를 듣고, 가족과 산책하거나 아이가 좋아하는 만화영화를 같이 보자. 우리는 자신에게 행복을 선택할 힘이 있다는 걸 잊고 산다.

"조화와 균형, 건강한 몸과 마음, 성공과 행복은 모두 낙관과 희망이 담긴 긍정적인 마음에서 비롯된다."

미국의 초대 대통령 조지 워싱턴의 말이다.

사람은 저마다의 감정으로 자신의 세계를 만든다. 어떤 사람의 세계엔 어둠과 슬픔만 있고, 어떤 사람의 세계엔 삶이 주는 작은 행복이 가득하다. 후자의 세계에 사는 사람들은 평범한 일상 속에서 아름다움을 찾으며, 비 온 뒤에 무지개가 뜨고 어둠이 지나면 여명이 밝아온다는 사실을 잘 안다. 삶을 대하는 감정과 생각이 다르면 삶의 결과도 달라진다. 그렇다면 기회와 행운을 불러오는 좋은 감정을 끌어올리려면 어떻게 해야할까?

긍정적인 사고방식을 기른다

하버드 대학 심리실험실 연구에 따르면, 궁지에 몰려도 여전히 긍정적인 사람들은 부정적이고 나약한 사람보다 훨씬 수월하게 어려움을 극복한다고 한다. 그러니 어려운 일을 겪을 땐 긍정적인 마음을 가져라. 할 수 있다고 믿으면 할 수 있다.

부정적인 감정을 긍정적으로 전환한다

부정적인 감정을 자신에게 유리한 동력으로 바꾸고 싶은가? 그렇다면 모든 일을 긍정적인 감정으로 대하는 것부터 시작하자. 예를 들어 직장 상사에게서 업무상 질책을 들었다면 '혼이 날 땐 기분이 나빴지만 더 큰 실수를 하기 전에 고칠 수 있어 다행이야. 앞으론 조심해야지.'와 같이 생각하는 것이다.

자연을 벗하면 마음이 편안해진다

중국에서는 예로부터 '천인합일(天人合一)'을 강조했다. 자연과 가까이할 때 마음이 편안해진다는 뜻이다. 인도에서도 야외에서 요가 수련을 할 때 효과가 훨씬 좋다고 한다. 도시의 스트레스를 감당하기 버거울 때는 감정도 신선한 공기를 마실 수 있도록 잠시 자연과 마주하기를 권한다.

(Point)

삶을 대하는 감정과 생각이 다르면 삶의 결과도 달라진다.

불안은 어떻게
우리 몸을 병들게 할까?

노벨생리의학상을 수상한 러시아의 생리학자 파블로프는 감정과 건강의 관계를 밝히기 위해 한 가지 실험을 수행했다. 개에게 원형 그림을 보여줄 땐 음식물을 주고, 타원형 그림을 보여줄 땐 전기 충격을 주는 실험이었다. 그로부터 며칠 뒤 개는 '조건 반사'를 일으켰다. 원형을 보면 바로 꼬리를 흔들며 침을 흘렸고, 타원형을 보면 긴장해 도망치려고 버둥거렸다.

이어서 파블로프는 원형은 타원형으로, 타원형은 원형으로 모양을 조금씩 바꾸며 보여주는 추가 실험을 진행했다. 개는 처음에는 두 그림을 구분하고 그에 맞는 반응을 나타냈다. 그러나 그림이 점점 비슷해지자 쩔쩔매며 불안해했다. 언제 전기 충격을 받을지, 언제 음식물이 나올지 알 수 없었기 때문이다. 개는 사방으로 뛰어다니며 큰 소리로 짖었고, 음식을 거부하며 구토 증상까지 보였다. 이어서 탈모, 궤양 등 건강상의 여러 문제들이 나타났다.

오늘날에도 유명한 이 '파블로프의 개' 실험을 통해 알 수 있듯 불안감이 지속되면 몸에 문제가 생긴다. 하버드 대학의 한 가정경제학자는 부정적인 감정이 체내에서 영양소를 흡수하는 데 영향을 미친다는 연구 결과를 제시했다. 항상 긴장된 상태로 생활하는 사람은 심장 박동과 혈류 속도가 빨라진다. 이렇게 체내에서 과부하가 발생하면 산소와 영양소가 대량으로 소모된다. 그리고 인체 기관이 긴장 상태일 때는 근육이 평소보다 에너지와 산소를 두 배가량 많이 소모하고 노폐물도 훨씬 많이 생산한다. 그러면 이런 노폐물들을 배출하느라 내장 기관에 또 과부하가 걸리고 산소와 영양소를 소모해야 하는 악순환이 계속된다.

고대 중국으로부터 전해지는 이야기 중에는 감정이 건강에 미치는 영향에 관한 것이 많다. 그중에 '내상칠정(內傷七情)'이라는 것이 있다. '기쁨(喜), 노여움(怒), 근심(憂), 사려(思), 슬픔(悲), 두려움(恐), 놀람(驚)' 일곱 가지 감정이 지나치면 체내에 질병이 생긴다는 뜻이다. 중국에서 가장 오래된 의학서 《황제내경(黃帝內經)》에는 '노상간(怒傷肝, 노여움은 간을 상하게 한다)', '사상비(思傷脾, 사려는 비장을 상하게 한다)', '우상폐(憂傷肺, 근심은 폐를 상하게 한다)', '공상신(恐傷腎, 두려움은 신장을 상하게 한다)'이라고 기록되어 있다.

현대 의학에서도 이런 사실들에 대해 자세한 해석을 내놓았다. 전문가들의 연구 결과에 따르면, 심리 상태가 좋지 않을 때는 체내의 내인성 코르티코스테로이드(corticosteroids) 수

치가 증가하여 림프구의 기능을 저하시키고 면역글로불린(immunoglobulin) 생성을 억제한다고 한다. 그래서 백혈구가 제 기능을 못 해 항체의 활동 능력이 떨어지고 신체 면역력이 약화되어 질병이 생긴다.

오랫동안 우울감에 빠져 있는 사람은 중추신경계의 명령 전달 기능에 장애가 생겨 위장 내 소화액 분비량이 크게 감소한다. 그러면 위벽이 자극받아 속이 불편해지므로 식사량이 줄어든다. 그 결과 영양소를 분해하고 화합하는 데 필요한 소화효소가 부족해져 영양소가 체내에 흡수되기 어렵다. 결국 체내에 영양소가 결핍되어 신체 곳곳에 문제가 생긴다.

이처럼 신체와 감정의 상호작용을 확인하기는 어렵지 않다. 감정이 긍정적인 상태일 때는 신체의 저항력이 강해지지만 부정적인 상태일 때는 신체의 일부가 손상된다. 그러므로 우리 몸의 건강을 위해서라도 긍정적이고 건강한 마음가짐을 유지해야 한다.

Point

신체와 감정은 상호작용을 한다. 건강을 위해서라도 긍정적이고 건강한 마음가짐을 유지하자.

성숙함이란 자기감정을 책임지는 것

프랭크는 어려서부터 일이 뜻대로 되지 않으면 물건을 집어 던지는 나쁜 습관이 있었다. 하지만 성인이 되어서는 그런 습관을 억눌렀고 회사에서는 더더욱 그랬다. 어느 날, 프랭크가 며칠 밤을 새우며 만든 기획안을 고객에게 보여주었다. 그런데 고객이 아주 거만한 태도로 문제점을 지적하며 불만을 쏟아 내는 것이 아닌가. 프랭크는 그 자리에선 억지로 화를 억눌렀으나 회사로 복귀하자 더는 참지 못하고 기획안을 집어 던졌다. 그러고도 화가 풀리지 않자 머그컵과 화분, 키보드, 액자를 던져 부서뜨렸다. 사무실 직원들은 모두 놀라 그를 쳐다보기만 했다.

다음 날, 프랭크는 회사로부터 해고 통보를 받았다. 그는 사장에게 어제 자신이 왜 그토록 화가 났는지 설명했다. 그러나 사장은 고개를 저으며 말했다.

"글쎄요. 화가 났을 수도 있겠죠. 하지만 나는 자기감정조차

2강 ✳ 감정을 조절하면 삶이 바뀐다

조절하지 못하는 사람에게 내 고객을 맡길 수는 없습니다.”

기분이 좋고 모든 일이 잘 풀릴 때는 누구나 여유롭고 좋은 사람이 될 수 있다. 그래서 일이 뜻대로 되지 않을 때 자기감정을 조절하는 모습을 보면 그 사람의 진면목을 알 수 있다. 프랭크는 기분이 나빠지면 매우 폭력적인 방식으로 자기감정을 발산했다. 이는 그에게 감정을 관리하는 능력이 부족하다는 증거다.

제멋대로 감정을 발산해 직장을 잃은 프랭크와는 반대로, 자기감정을 조절할 줄 아는 사람은 더 많은 성공 기회를 얻는다. 화장품 판매원 에이다가 그런 경우다.

어느 날, 에이다는 매우 까다로운 여성 고객을 상대하느라 진땀을 뺐다. 에이다가 자신의 전문 지식을 살려 화장품을 추천해 주어도 고객은 ‘가격이 비싸다’, ‘향이 마음에 들지 않는다’는 이유로 계속 퇴짜를 놓았다. 그러더니 마지막엔 애쓰는 에이다를 나무랐다.

“아가씨는 전문성이 부족하네요. 고객에게 딱 맞는 제품 하나도 고르지 못하다니, 화장품 판매원으로서 자격 미달 아닌가요?”

다른 직원들은 조마조마한 심정으로 에이다를 지켜보았다. 모두들 이쯤 되면 그녀가 억지를 부리는 고객에게 한 마디 쏘아붙이리라 예상했다. 그러나 에이다는 뜻밖에도 미소를 지으며 말했다.

“고객님께 딱 맞는 제품을 골라드리지 못해서 정말 죄송합니다. 어떤 제품을 원하시는지 더 자세히 알려 주시면 고객님의 취향에 최대한 맞는 제품을 다시 추천해 드리겠습니다."

며칠 후 에이다는 화장품 부서 팀장으로 파격 승진했다. 알고 보니 그날 에이다를 진땀 나게 했던 여성 고객은 그 회사의 사장이었다. 사장은 에이다에게 그때 왜 화내지 않았는지 물었다. 에이다가 대답했다.

"그 순간에는 저도 화가 났어요. 하지만 고객과의 말다툼이 제 나쁜 감정을 털어내는 최선의 방법은 아니라고 생각했죠. 그래서 불쾌한 감정이 일에 영향을 주지 않도록 제 마음을 다스렸습니다."

누군가 나를 비난하거나 부당하게 대우하면 자연스럽게 불쾌한 감정을 느낀다. 그러나 에이다처럼 마음이 건강한 사람은 감정 자체를 부정하진 않되, 때와 장소를 구분하여 자기감정을 다스리고 털어낼 줄 안다. 이는 불쾌한 감정이 자신에게 미칠 부정적인 영향을 최소화하는 현명한 방법이다.

"어떤 사람이 성숙한 사람일까?"

이런 질문을 던진다면 아마 저마다 다른 대답을 내놓을 것이다. 하지만 감정의 안정적인 정도가 한 사람의 성숙도를 검증하는 주요한 기준과 방법이라는 점에는 모두 동의할 것이다. 성숙함이란 바로 자기감정을 책임지는 것이다.

내 인생의 주인이 되려면 감정적으로 구는 대신 감정을 다스리는 성숙함을 지녀야 한다. 그렇다면 어떻게 해야 그런 힘을 가질 수 있을까? 다음에 제시된 내용을 토대로 자신을 파악하고 대처해 보자.

주로 어떤 감정에 휩싸이는지 파악한다

우리는 자기감정을 정확히 알고 받아들여야 한다. 감정은
내 솔직한 느낌이다. 나는 주로 어떤 감정을 느끼는지 살펴보
자. 프랭크처럼 누군가 날 무시할 때 화가 나는가? 혹은 남과
비교될 때 비참한 기분에 사로잡히는가? 지피지기면 백전백
승이라고 했다. 나를 알아야 그에 맞는 방법으로 감정을 관리
할 수 있다.

왜 그런 감정을 느끼는지 살핀다

'나는 왜 화가 날까? 왜 슬플까? 왜 허무할까?'

사람들은 부정적인 감정이 들 때 왜 그런지 이유를 모른다.
그러나 그 이유를 찾아야 나의 부정적인 감정이 정상적인 반
응인지 혹은 지나친 것인지 알 수 있다. 병의 원인을 알아야 그
에 맞게 약을 처방할 수 있는 것처럼 말이다.

부정적인 감정을 적절히 해소한다

나는 무엇을 할 때 안 좋은 감정을 잊어버릴까? 운동하기, 혼
자 시간 보내기, 음악 듣기, 공원 산책하기, 한바탕 실컷 울기,
다른 사람한테 속 털어놓기 등 부정적인 감정을 해소하고 긍정
적인 감정으로 전환할 수 있는 것이라면 모두 좋은 방법이다.

자기 관리를 잘하는 사람은 부정적인 감정을 해소하고 긍정

적인 감정을 지켜 나감으로써 건강한 심리 상태를 유지한다. 심리 상태가 건강하면 어떤 일이 닥쳐도 긍정적으로 대처하고 늘 평온한 상태를 유지할 수 있다.

Point

성숙함이란 바로 자기감정을 책임지는 것이다.

2강 ☀ 감정을 조절하면 삶이 바뀐다

불평은

일종의 사고방식이다

"인생은 불공평하다."라는 말에

하버드 대학 출신들은 어떤 답을 내놓을까?

시인 에머슨은 '공평하기만을 바라는 것은

옹졸한 자의 고질병'이라고 했고,

빌 게이츠는 '우리가 할 수 있는 일은 불공평함에 익숙해지고

이를 받아들이는 것뿐'이라고 했다.

이 걸출한 하버드인들이 말하고자 하는 것은 무엇일까?

그것은 바로 살면서 바꿀 수 없는 것들을 받아들이고

자신만의 경주를 펼쳐야 한다는 것이다.

삶이 당신에게 레몬을 준다면 레모네이드를 만들자.

이런 태도를 가질 때 우리는 비로소

삶이 우리에게 준 선물과 그로 인한 행복을 발견할 수 있다.

타인의 공감에 의지해 살아갈 순 없다

최근 미셸은 남편 존과 이혼했다. 원인은 남편의 바람이었다. 존은 결혼 파탄의 원인을 제공한 내연녀와 재혼했고, 이 모습을 지켜보던 미셸은 가슴이 찢어지는 고통을 느꼈다. 친구들은 미셸이 걱정되어 한동안 곁을 번갈아 지키며 위로했다.

시간이 지날수록 미셸의 상태는 점점 더 나빠졌다. 친구들에게 전남편 존이 얼마나 무정한 사람인지, 인생이 얼마나 불공평한지 끝도 없이 하소연했다. 처음엔 친구들도 미셸을 동정하고 마음을 풀어주려고 애썼지만, 그녀의 원망 섞인 하소연과 불평이 계속되자 하나둘 곁을 떠났다. 결국 하소연을 들어줄 대상마저 없어지자 미셸은 더욱 괴로워하며 깊은 고통의 수렁에 빠졌다.

우리가 푸념하고 하소연하는 이유는 무엇일까? 바로 타인의 공감을 얻고 위로받고 싶은 마음 때문이다. 그러나 냉정하게 말하면 나의 아픔은 나만 안다. 길을 가다 발을 접질려 눈물이 찔끔 나오더라도 곁에 있던 사람은 위로를 해줄 뿐 내 아픔을 똑같이 느끼진 못한다.

또한 아픔이란 수치화할 수 없는 주관적인 것이다. 지인이 교통사고를 당해 병원에 입원했다고 해서 내가 발을 접질린 아픔이 덜어지진 않는다. 내 손톱 밑의 가시가 가장 아프다고 하지 않는가. 사람에겐 누구나 자신의 고통만이 가장 현실적으로 다가온다. 그런데 미셸처럼 자기 아픔에 공감해 달라고 끝도 없이 요구한다면 아무리 가까운 사람이라도 결국 지치게 마련이다.

그렇다면 슬프고 괴로울 때 고통을 홀로 참기만 해야 할까? 물론 그렇지 않다. 우리 곁엔 사랑하는 가족과 친구들이 있다. 그들의 격려를 받으면 마음의 상처를 치유하고 다시 살아갈 힘을 얻을 수 있다. 하지만 사랑하는 이들이 주는 위안은 잠깐의 진통제일 뿐 근본적인 해결책이 아님을 기억하자. 과거의 아픔과 실패를 치유하는 데 가장 큰 역할을 하는 건 자기 자신이다.

우리 주변엔 매일 똑같은 불평을 반복하는 사람들이 있다. 그들도 불평으로 문제가 해결되지 않는다는 걸 안다. 하지만 난관을 극복해 상황을 개선할 의지는 없고, 망신은 당하기 싫으니 불평이라는 수단을 사용한다.

많은 사람이 자기가 더 성공적인 인생을 살지 못하는 것을 부모나 환경 탓으로 돌리며 불평한다. 내 잘못이 아닌 타인의 잘못으로, 내 능력과 의지의 부족이 아닌 장애물 때문에 내 인생에 문제가 생기는 거라고 호소하면 사람들이 자신을 이해해

주리라고 생각하는 것이다.

불평은 일종의 사고방식이다. 일상생활에서 일어나는 갖가지 문제와 현상은 두 개의 원, 즉 '관심의 원(Circle of Concern)'과 '영향력의 원(Circle of Influence)'으로 귀납된다. '영향력의 원'에 속하는 문제와 현상은 우리 능력으로 통제할 수 있지만 '관심의 원'에 속하는 문제와 현상은 우리 힘으로 통제가 불가능하다.

교통 체증이 심해서 회사에 지각한 일을 예로 들어 보자. 천재지변이나 도로 공사로 인해 길이 막혀 지각하는 문제는 '관심의 원'에 속한다. 우리는 이 문제를 인식하지만 직접 해결할 능력은 없다. 그러나 일반적으로 아침에 일찍 출발하면 지각하지 않을 수 있다. 이런 문제는 '영향력의 원'에 속하며 우리 힘으로 충분히 개선할 수 있다.

긍정적인 사람은 사고의 초점을 '영향력의 원'에 맞춘다. 그래서 늘 자신의 노력으로 무엇을 개선하고 해결할 수 있는지 생각한다. 반면에 부정적인 사람은 사고의 초점을 '관심의 원'에 맞춘다. 그래서 어려움을 당했을 때 도와주는 사람이 없거나 주변 상황이 자신의 예상대로 따라주지 않으면 불평을 쏟아낸다.

불평은 전염되기 쉽다. 한 명이 시작한 불평에 주변 사람들이 가세하면 공감대가 형성되면서 별것 아닌 일에도 함께 불평을 늘어놓게 된다. 재미있는 점은 사람들이 자신은 불평하면서도 불평하는 사람보다는 묵묵히 자기 인생을 책임지는 강하고 긍정적인 사람을 더 높이 평가하며 가까이하고 싶어 한다는 것이다.

블레이크는 5년 동안 고생해 모은 돈으로 자기 회사를 차렸다. 그런데 운 나쁘게도 금융위기가 닥쳤고 자산이 백만 달러가 되지 않는 작은 회사들은 대부분 파산했다. 이 일로 블레이크의 회사도 엄청난 타격을 입었지만 그는 불평 한마디 없이 자기가 실패한 경험을 분석하고 정리했다. 그리고 다시 회사를 차릴 자금을 벌기 위해 마카오에 있는 한 호텔의 보안요원으로 취직해 일했다. 3년 뒤 블레이크는 그동안 모은 돈으로 작은 회사를 차렸다. 그의 회사는 매년 성장을 거듭했고, 5년 뒤엔 미국 내에서 젊은이들이 가장 취업하고 싶어 하는 '작지만 강한 기업' 중 하나로 손꼽히게 되었다.

살다 보면 불평할 만한 상황이 찾아올 수 있다. 그때 우리는 블레이크와 같은 자세를 가져야 한다. 사고의 초점을 '영향력의 원'에 집중하는 긍정적인 사람이 되자. 눈물은 타인의 공감과 동정심을 살 수 있지만 그것에 의지해 살아갈 수는 없다. 불평하지 않고 자기 인생을 개척하는 사람이야말로 진짜 강인한 사람이다.

(Point)

사람들은 묵묵히 자기 인생을 책임지는 강하고 긍정적인 사람을 더 높이 평가하며 가까이하고 싶어 한다.

'비교'라는 판도라의 상자

한 아이가 길거리에서 엄마에게 자꾸 칭얼댔다. 짝꿍이 백화점에서 만화영화 〈겨울왕국〉의 캐릭터 책가방을 샀다며 자랑한다는 게 이유였다. 아이가 계속 똑같은 책가방을 사달라고 조르자 엄마는 달래다가 결국 큰 소리로 꾸짖었다. 지나가던 부부가 다가와 말리자 엄마는 고개를 절레절레 저으며 말했다.

"지난주엔 새 필통을 사줬고, 이번 주에는 새 옷을 두 벌이나 사줬어요. 그런데 오늘 또 책가방을 새것으로 바꿔달라고 하네요. 친구들이 새로운 걸 가지고 올 때마다 꼭 자기도 사달라고 해요. 매번 이러니 정말 어떻게 해야 할지 모르겠어요."

과거를 떠올려 보면 누구에게나 비슷한 경험이 있을 것이다. 어쩌면 비교는 우리가 어릴 적에 열어버린 '판도라의 상자'일지도 모른다. 그리스 신화 속 판도라가 절대 열면 안 되는 상자를 열자 그 안에서 욕심, 질투, 복수, 시기, 슬픔 등의 재앙이 세상으로 쏟아져 나왔듯이 말이다.

사람은 어릴 때부터 남과 비교하며 슬픔과 질투의 감정을 알게 된다. 우리는 자신이 소유한 것에 대해서는 큰 기쁨을 느끼지 못한다. 남의 떡이 더 커 보이기 때문이다. 내 책가방과 짝꿍의 〈겨울왕국〉 책가방을 비교하는 것에서부터 내 집과 남의 집, 내 자식과 남의 자식, 내 성공과 남의 성공을 비교하며 질투하고 쫓아가려고 한다.

같은 반 친구인 리처드와 마크는 사이가 굉장히 좋았다. 그들은 학교를 졸업한 뒤 같은 네트워크 회사에 나란히 입사했다. 입사 초기부터 리처드는 회사에서 우수한 능력을 발휘하여 직원들의 인정을 받았다. 그런데 연말에 승진한 사람은 리처드가 아니라 집안 인맥 덕을 본 마크였다.

리처드는 이 상황이 억울하고 속상했다. 겉으론 친구 마크에게 축하한다고 하면서도 속에서는 질투와 경쟁심이 생겼다. 그때부터 리처드는 모든 일을 마크보다 빨리 끝내려고 했다. 혹시 마크가 자기보다 먼저 일을 끝내거나 칭찬을 들으면 속상해 견딜 수가 없었다. 리처드는 업무뿐 아니라 외적인 면에서도 마크를 앞서고 싶어 마크보다 비싼 옷을 입고 고급 자동차를 몰았다. 하지만 마크의 집안은 원래 부유했고 리처드는 그렇지 못했다. 결국 리처드는 여기저기서 끌어다 쓴 대출금을 갚느라 고통스러운 나날을 보냈다.

리처드를 불행하게 만든 것은 바로 비교다. 그는 친구 마크를 먼저 승진하게 해준 집안 배경을 자신과 비교하며 괴로워했다. 그러나 리처드는 회사 직원들 모두가 인정하고 부러워하는 능력 있는 인재였다. 지금까지 해온 대로 일한다면 굳이 마크를 질투하지 않아도 곧 자신의 힘으로 승진하게 될 터였다. 그런데 그는 그릇된 경쟁의 길을 선택해 스스로 고통의 늪으로 들어가고 말았다. 참 우스운 일 아닌가. 비교 때문에 자신이 가진 빛나는 보석을 보지 못하고 타인을 쫓아가다가 몸살을 앓게 되었으니 말이다.

하버드 대학의 한 교수가 학생들에게 이상적인 삶이 무엇인지 물었다. 대답은 다양했다. 돈 많은 삶이라고 대답한 학생도 있고, 안정된 직업을 원하는 학생도 있었고, 사랑하는 사람들에 둘러싸여 사는 것이라고 대답한 학생도 있었다. 대부분의 학생들이 자신이 희망하는 삶에 관해 말했고, 남과 비교해서 어떻게 살고 싶다고 대답한 학생은 없었다.

우리는 자신의 이상을 잊고 남의 인생만 쳐다보느라 스스로 부담과 번뇌를 자초할 때가 많다. 남과 자신을 비교하는 데 몰두하면 자신의 색깔이 점점 옅어진다. 그런데도 많은 사람이 무의식적으로 남과 자신을 비교한다. 비교는 고통의 근원이다. 남의 인생을 지켜보던 시선을 거두고 자신의 행복을 들여다보아야 진정한 기쁨을 누릴 수 있다. 판도라의 상자에서 쏟아져 나온 재앙처럼, 일단 비교를 시작하면 그 순간부터 고통이 그림자처럼 당신을 따라다닐 것이다.

Point

자신의 행복을 들여다보아야 진정한 기쁨을 누릴 수 있다.

남에게 대접받고 싶은 대로
남을 대접하라

다른 사람의 입장에서 생각해 보라는 '역지사지(易地思之)'는 도덕적 가르침의 기본이다. 공자는 "내가 하기 싫은 일은 남에게도 시키지 말라."라고 했고, 《성경》의 마태복음에는 "남에게 대접받고자 하는 대로 너희도 남을 대접하라."라고 기록되어 있다. 종교와 문화는 다르지만 공자와 《성경》이 전하고자 하는 의미는 같다고 할 수 있다.

역지사지는 인류가 오랜 세월 시행착오를 거쳐 얻은 황금률이다. 러시아의 이론가 표트르 크로포트킨은 저서 《상호부조론》에서 "서로 돕는 성질이 강한 생물군만 살아남는다."라는 사실을 증명했다. 우리가 속한 사회는 이익 공동체지만 인간은 외딴섬이 아니다. 우리는 모두 한 나무에서 자란 잎과 열매이기에 왼손으로 오른손을 상하게 해선 안 된다.

크리스마스이브에 한 상인이 지하철역에서 나오다가 남루한 차림으로 길가에 서 있는 남자를 보았다. 그의 앞에는 동전

이 담긴 상자가 놓여 있었고, 옆에는 연필이 어지럽게 꽂혀 있었다. 상인은 그 상자에 동전 몇 닢을 넣고는 빠르게 발길을 돌렸다. 그런데 조금 가다가 자신이 잘못했다는 생각이 들었는지 다시 돌아와 남자에게 이렇게 말했다.

"연필을 사러 와 놓고 연필을 두고 갔네요. 메리 크리스마스."

몇 년 뒤 두 사람이 다시 만났을 때 남루한 차림의 남자는 가게를 운영하는 사장이 되어 있었다. 그는 상인의 손을 덥석 잡으며 말했다.

"선생님은 아마 절 기억하지 못하실 겁니다. 저는 선생님의 성함도 모르지만 은인으로 여기며 살았습니다. 제 자존감을 일깨워 주신 분이니까요. 지하철역 앞에서 선생님을 만났을 때 저는 사업이 망한 상태였고 다시는 일어설 수 없다고 생각했습니다. 연필을 팔았지만 사람들은 절 거지로 여겼죠. 저도 자신을 거지로 여겼기에 선생님이 동전을 넣고 그냥 가시는 모습을 멍하니 바라보고 있었습니다. 그런데 선생님은 다시 돌아와 연필을 잊고 가셨다고 했죠. 선생님의 말씀과 행동은 제가 거지가 아니라 연필을 파는 사람이란 걸 깨우쳐 주었습니다. 그 덕분에 이렇게 재기할 수 있었어요. 정말 감사합니다!"

세상에 거지로 보이고 싶은 사람이 있을까? 상인은 처음에 남루한 차림의 사내를 거지라고 생각했지만 곧 자신의 잘못을 깨닫고 그를 연필 파는 사람으로 대해 주었다. 이 상인처럼 역지사지하는 자세를 기르면 어떤 상황에서든 다른 사람과 나의 입장을 바꿔 생각해 볼 수 있다. 이렇게 서로 입장을 헤아리고 포용하면 도저히 조정할 수 없을 것 같은 갈등도 원활하게 해결할 수 있고, 어제의 적을 오늘의 친구로 만들 수 있다.

(Point)

우리가 속한 사회는 이익 공동체지만 인간은 외딴섬이 아니다.

3강 ✳ 불평은 일종의 사고방식이다

억울해도 인생은 원래 불공평하다

1939년 카플란은 스무 살의 나이로 뉴욕 시립 대학을 우수한 성적으로 졸업했다. 그는 이어서 의과 대학에 진학하려고 유명 대학 다섯 곳에 지원서를 제출했지만 뜻밖에도 모두 탈락했다. 카플란은 자서전에서 당시를 이렇게 회상했다.

"내가 유대인이고 공립 대학을 나온 게 탈락한 이유였다. 그야말로 엎친 데 덮친 격이었다."

카플란은 이런 현실이 무척 불공평하다고 느꼈다. 그는 의과 대학이 입학시험으로 학생을 선발한다면 공립 대학 출신도 사립 대학 출신에게 전혀 밀리지 않는다는 걸 학교 측에 증명할 수 있다고 생각했다.

당시는 유대인이 미국 교육계에서 멸시받던 시대였다. 사회에서 고등교육을 받을 기회가 부족한 유대인에게 시험은 유일한 돌파구였다. 유대인은 총명한 두뇌와 우수한 성적을 무기로 아이비리그 출신이 대부분인 미국 상류사회에 대거 진출했다. 이런 현상은 미국 교육계를 발칵 뒤집어 놓았고, 미국인들은 어떻게 해야 '유대인 문제'를 해결할 수 있을지 고민했다. 이런 배타적인 분위기 속에서 미국 대학에서 입학 업무를 전담하는 입학처가 설립되었다.

카플란은 유대 민족이 백인에게 배척받는 시대에 살았고 소외계층의 일원이었다. 그러나 불공평한 현실을 원망하거나 이에 굴복하는 대신, 유대인이 유일하게 믿을 수 있는 무기인 시험에 모든 에너지를 다 쏟아부었다. 그는 미국 대학에 입학하려면 꼭 치러야 하는 시험인 SAT를 1946년부터 본격적으로 연구했고, 단기간에 시험 점수를 끌어올리는 방법을 찾는 데 온 신경을 집중했다.

미국인들은 카플란이 세운 교육센터에서 SAT를 대비하는 것은 순전히 돈 낭비라고 폄하했다. 하지만 많은 카플란 교육센터 수강생들이 SAT에서 우수한 성적을 얻자 연방위원회는 이 센터를 정식으로 조사하기로 결정했다. '수준 낮은 유대인'이 입시 성적과 관련해 허위 광고를 한다는 사실을 밝혀내는 것이 목적이었다.

1979년 마침내 조사 보고서가 정식으로 공표되자 사람들은 놀라움을 금치 못했다. 카플란 교육센터 수강생들의 SAT 성적은 과목마다 최소 25점은 올랐고 그 어떤 허위 광고도 없었다. 이 결과는 도리어 카플란 교육센터를 널리 알리는 최고의 광고가 되었다. 그때부터 카플란의 사업은 폭발적으로 성장했다.

이어 카플란은 교육민주화로 불리는 시험 혁명을 일으켰고, 입학 전형 방식을 적절히 조정해 달라고 담당 정부기관에 강력히 요구했다. 그리하여 그는 현재 미국 '입시교육의 아버지'로 불리고 있다.

하버드 대학 출신으로 미국의 유명한 시인인 랠프 월도 에머슨은 "어리석게도 항상 공평하기만을 바라는 것은 옹졸한 자의 고질병이다."라고 했다. 마찬가지로 하버드 대학 출신이자 마이크로소프트 창업자인 빌 게이츠도 "인생은 원래 불공평한 경쟁이니, 당신이 할 수 있는 일은 그것에 익숙해져 받아들이는 것뿐이다."라고 했다.

이 두 사람의 말처럼 인생은 원래 불공평하다. 하지만 불평과 비난으로 자기가 바라는 공평함을 실현할 수 있다고 여긴다면 시간과 에너지를 낭비하게 될 뿐이다. 세상이 불공평하다고 해서 인생에 기권표를 던질 수 있을까? 불평을 멈추고 담담하게 대처하는 편이 오히려 현명하다. 그래도 공평한 세상을 꿈꾼다면 선택할 수 있는 길이 한 가지 있다. 그것은 바로 공평한 세상을 만들기 위해 자신의 인생을 던져 맞서 싸우는 것이다. 하지만 그 결과가 어떨지는 누구도 장담할 수 없다.

Point

어리석게도 항상 공평하기만을 바라는 것은
옹졸한 자의 고질병이다.

변화 앞에 적응하는 사람과 불평하는 사람

어느 사찰에 노승과 동자승이 살았다. 하루는 동자승이 사찰 뒤편 황무지를 가리키며 말했다.

"스님, 저기 헐벗은 땅이 보기 싫은데 잔디 씨앗을 뿌리면 어떨까요?"

노승은 동자승의 말에 찬성했다.

"좋지! 비가 한바탕 내리고 나면 언제든 씨앗을 뿌릴 수 있단다."

비가 내리고 며칠 뒤 노승은 잔디 씨앗을 사와서 동자승에게 뿌리러 가자고 했다. 그런데 동자승이 씨앗을 뿌리려는 찰나, 갑자기 바람이 불어와 씨앗이 사방으로 날아가 버리고 말았다. 동자승이 애가 타서 소리쳤다.

"스님, 큰일 났어요! 씨앗들이 바람에 날아가 버렸어요!"

노승은 차분하게 대답했다.

"괜찮다. 바람에 날린 씨앗은 대부분 속이 빈 것이니까. 땅에 뿌렸다 한들 싹이 자라지 않았을 테니 내버려 둬도 돼."

동자승은 노승의 대답을 듣고 계속 씨앗을 뿌렸다. 그런데 다 뿌리고 나니 이번에는 참새들이 날아들었다. 동자승은 또 애가 탔다.

"스님, 참새들이 씨앗을 먹어 치우고 있어요!"

이번에도 노승은 동자승을 위로했다.

"참새들이 네가 뿌린 씨앗을 다 먹진 못한단다. 푸른 벌판이 되기엔 남은 씨앗으로도 충분하니 그냥 내버려 두어라."

씨를 뿌린 날 밤 폭우가 거세게 내렸다. 밤새 걱정하던 동자승은 날이 밝자마자 씨앗을 뿌린 땅을 살펴본 뒤 황급히 선방으로 뛰어들었다.

"스님, 큰일 났어요! 씨앗들이 빗물에 다 떠내려간 모양이에요. 어제 애써 씨를 뿌렸는데 몽땅 헛수고가 되었지 뭐예요."

노승은 늘 그랬듯이 차분하게 말했다.

"그러면 어떠냐. 씨앗이 떠내려간 자리에서 싹을 틔울 테니 그대로 두어도 괜찮다."

일주일이 지나자 헐벗었던 땅이 파릇파릇한 새싹으로 뒤덮였다. 게다가 씨앗을 뿌리지 않은 곳도 푸른빛으로 가득했다. 바람, 새, 빗물에 의해 사방으로 퍼진 씨앗들이 틔운 새싹이었다. 동자승은 푸른 벌판을 보고 신이 나서 덩실덩실 춤을 추었다. 노승은 기뻐하는 동자승을 바라보며 흐뭇한 미소를 지었다.

인간의 성장은 곧 적응하는 과정이다. 우리는 어머니의 몸 밖으로 나온 순간부터 적응의 여정을 시작한다. 부모님과 신뢰를 쌓아가고, 학교에 들어가 공부하고, 친구들과 교류하고, 자라서는 직장에 들어가고 결혼도 한다. 적응력은 한 인간이 새로운 환경에서 성장하는 데 매우 중요한 역할을 한다.

일화 속 노승은 적응력 강한 사람의 본보기라 할 수 있다. 이 노승처럼 새로운 상황을 긍정적인 시각으로 바라보면 변화에 유연하게 적응할 수 있다. 반면 동자승처럼 변화에 적응하지 못하면 새로운 상황 앞에서 늘 두렵고 마음도 조급해진다.

다시 말해 심리적 적응력이 강한 사람은 이전과 다른 상황이나 환경에서도 자발적이고 능동적인 태도로 환경을 변화시킨다. 반면에 심리적 적응력이 약한 사람은 과거의 삶에 속박되거나 현재 상황에 강한 의구심을 품으며 미래에 대해 불안해한다. 그래서 마음의 균형을 유지하기 어렵고 몸과 마음이 쉽게 지친다.

하버드 대학 심리학 교수를 지낸 탈 벤 샤하르는 "성공한 사람들의 몸에 밴 특징 중 하나는 적응력이다."라고 했다. 사람마다 적응력이 강할 수도 있고 약할 수도 있다. 하지만 적응력이 강한 사람일수록 운명과 평화롭게 공존하며 불평불만이 적다는 것은 의심할 여지 없는 사실이다.

Point

새로운 상황을 긍정적인 시각으로 바라보면 변화에 유연하게 적응할 수 있다.

질투는 평생 극복해야 할 감정이다

광고 디자이너 로건은 요즘 회사 생활이 즐겁지 않다. 베테랑 직원이지만 최근 들어 디자인 스케치를 스무 번이나 고쳤고, 이 일로 인해 사장의 신뢰가 떨어진 상태다. 그와 반대로 신입 여직원은 디자인 스케치가 대부분 한 번에 통과되었고 사장에게 자주 칭찬을 받았다. 이런 일들 때문에 로건은 전에 없이 의기소침해졌다.

그러다가 결국 일이 터졌다. 사장이 로건 앞에서 신입 직원을 칭찬하면서 이러이러한 부분은 좀 배우라고 한 것이다. 로건은 분노와 질투에 사로잡혀 동료에게 "갓 입사한 애송이를 어떻게 베테랑인 나와 비교할 수 있죠? 저 애는 그저 운이 좋았을 뿐이란 말입니다!"라고 하소연했다.

그날부터 로건은 신입 직원이 꼴도 보기 싫었고 그녀가 하는 모든 일을 못마땅하게 여겼다. 그녀가 계획안을 내면 거들떠보지도 않았고, 동료들끼리 그 계획안을 두고 회의할 때는 입도 벙긋하지 않았다.

　신입 직원도 로건이 자신을 싫어한다는 걸 깨달았고 둘 사이에는 어색한 분위기가 형성되었다. 로건은 신입 직원의 손을 거친 계획안과 그녀와 관련된 고객이라면 상대방이 아무리 정중하게 부탁해도 차갑게 거절했다. 사장은 로건의 감정에서 불거진 문제로 인해 회사 업무에 차질이 생기자 더욱 노골적으로 로건에게 불만을 드러냈다.

　예정대로라면 로건은 승진을 앞두고 있었다. 그러나 신입 직원에 대한 질투와 적절하지 못한 처신 때문에 동료들의 호감과 사장의 신뢰를 잃었고, 스스로도 평정심을 가지고 일할 수 없게 됐다.

　질투란 참으로 무서운 감정이다. 로건이 특별히 질투심이 많은 사람일까? 그렇지 않다. 대수롭지 않은 일에 질투의 화신이 되는 사람들은 의외로 많다. 이들은 질투가 나는 상대가 있으면 몰래 괴롭히거나 뒤에서 헐뜯고 상대를 무너뜨리기 위해 애쓴다. 하지만 이런 행동의 결과로 상대가 불행해지진 않는다. 오히려 나만 상처를 입고 가십거리가 되는 불명예를 안게 된다.

　질투는 우리가 평생 극복해야 할 부정적인 정서 중 하나다. 과거에 같은 출발선에 섰던 사람이 현재 자신보다 더 나은 삶을 살 때, 겉으론 웃어도 속으론 그를 깎아내리지 않을 거라고 장담할 수 있을까? 누가 봐도 나보다 못한 조건의 사람이 내가 정말로 간절히 원하던 것을 가지고 있을 때 배 아파하지 않을 수 있을까? 나는 필사적으로 노력하는데, 부모를 잘 만난 덕에 혹은 순전히 운이 좋아서 나보다 더 많은 것을 차지한 이를 보며 분노하지 않을 자신이 있을까? 그렇지 않을 것이다.

　사람은 누구나 질투를 느낀다. 가끔은 마음에 담아두었던 우울하고 답답한 감정을 토로할 수도 있다. 그러나 중요한 것은 마음을 털어놓은 뒤에는 반드시 질투심을 내려놓고 잊어야 한다는 것이다. 감정적인 태도가 내 인생의 도피처가 될 수 없듯 질투심이 내 앞길을 가로막는 걸림돌이 되어선 안 된다.

Point

질투는 우리가 평생 극복해야 할 부정적인 정서다.

남의 혀에 내 인생을 맡기지 마라

미국의 싱크탱크로 불리는 하버드 대학은 정치가와 학자, 대부호, 유명 인사 등을 수없이 배출한 학교로 세계적인 명성을 자랑한다. 그러다 보니 하버드 대학 출신 인사들은 늘 사람들의 입에 오르내리게 마련이어서, 갖가지 루머와 비방에 대처하는 방법을 배우는 것이 하버드 대학의 중요한 교육 과정 중 하나가 되었다. 하버드 대학의 스승들은 "남의 혀에 너희 인생을 맡기지 마라."라고 조언한다.

재능이 다분한 청년 첼 윌리엄은 하버드 대학을 졸업한 뒤로 줄곧 캘리포니아에서 사업을 벌였다. 사업체를 운영한 지 몇 해가 지나자 그는 정치에 관심을 두었고, 마침내 주 상원의원 선거에 출마하기로 결심했다. 윌리엄은 워낙 이력이 화려한 데다가 다년간 사업가로서 공익을 위해 적극적으로 애써왔기 때문에 선거 기간 내내 지지율이 대단히 높았다.

경쟁 상대 후보는 윌리엄의 높은 지지율을 떨어뜨리려고 뒤에서 몰래 일을 꾸몄다. 그가 조작한 유언비어는 사소하지만 파급력이 상당해 이내 유권자들 사이로 퍼져나갔다. 소문의 내용은 단순했다. 윌리엄이 대학을 졸업한 뒤 한동안 학교 선생님으로 일했는데 그 시기에 젊은 유부녀와 사귀었다는 것이었다.

상대 후보의 의도는 다음과 같았다. 소문이 퍼져나가면 사람들은 윌리엄의 사생활 문제를 의심할 것이다. 그러면 근거 없는 비방을 들은 윌리엄이 노발대발하여 자신의 결백을 밝히려 나설 것이고, 이 사건에 호기심을 가진 사람들은 후보로서 그의 자질에 의문을 품게 될 것이다.

상대 후보의 의도대로 윌리엄은 유언비어를 알고 나서 크게 분노했다. 그는 기자회견을 열어 해명하고 헛소문을 퍼뜨린 사람을 찾아 거세게 비판할 계획을 세웠다. 윌리엄이 이 계획을 실행하고 있을 때 그의 학창 시절 지도교수로부터 전화가 걸려 왔다. 교수는 따스한 말투로 그를 다독였다.

"소식 들었네. 마음이 아팠을 거야. 하지만 자네가 하지 않은 일이라면 상대할 가치도 없잖은가. 남의 세 치 혀에 자네 인생을 맡길 셈인가?"

윌리엄은 교수의 말을 듣고 바로 냉정을 되찾았다. 그러고는 아무 일도 없었던 듯이 각종 파티에 참석하고 동료 및 유권자들과 담소를 나누었다. 유언비어에 대해서는 아예 언급조차 하지 않았다. 상황이 이렇게 흘러가자 다급해진 것은 상대 후보 쪽이었다. 그는 윌리엄이 대체 무슨 꿍꿍이인지 알 수 없어

답답했다.

드디어 선거일이 다가왔다. 후보자들은 수많은 유권자 앞에 섰다. 윌리엄의 경쟁 후보는 역시나 윌리엄에 관한 소문을 들먹이며 그는 도덕관념이 형편없으니 국민의 대표가 될 자격이 없다고 비난했다. 상대 후보의 계획적인 비난에도 윌리엄은 여유로운 미소를 띠며 말했다.

"누가 그런 잘못된 소문을 퍼뜨렸는지 모르겠군요. 혹시 기자분이라면 취재를 하긴 하셨는데 내용이 잘못되었어요. 제가 대학교수 시절에 사랑한 여성은 유부녀가 아닌 미혼이었습니다. 그녀를 쫓아다니느라 사랑의 쓴맛을 제대로 봤지요. 그 여성은 이미 결혼해서 유부녀가 되었습니다. 그 아름다운 여인의 남편이 바로 지금 이 자리에서 여러분에게 말하고 있는 사람입니다."

윌리엄은 재치 있는 말솜씨로 그에게 닥친 위기를 가뿐하게 넘겼다. 그리고 최고 득표율로 당선되어 성공적으로 상원에 입성했다.

"거짓말도 천 번 말하면 진실이 된다."라는 말이 있다. 거짓말은 퍼지면 퍼질수록 덩치를 불리고 그 진위 여부가 더 이상 중요하지 않다. 유언비어는 소문의 대상이 되는 사람의 삶을 파괴하고, 사회 구성원 간의 갈등을 부추기며 불신을 조장한다.

사람들은 대부분 자신이 유언비어의 대상이 되면 모함을 당했다고 울분부터 터뜨린다. 반면에 나는 떳떳하니 굳이 해명하지 않아도 결백이 밝혀질 거라고 믿는 사람도 있다. 남의 말에 휘둘리지 않고 자기중심을 잘 잡는 사람들이다. 그러나 한 가지 기억할 것은 사람들은 확실하지 않은 사건에 유난히 더 관심을 기울인다는 점이다. 그래서 소문의 당사자가 너무 오랫동안 침묵을 지키면 사람들은 그가 무언가를 숨기려고 하거나 떳떳하지 못해서라고 오해한다. 따라서 유언비어에 휘말렸을 때는 감정적으로 대처하지 않되 적절한 시기에 직접 해명할 필요가 있다. 소문을 반박할 때는 사실의 전후관계를 가능한 한 상세하게 설명하는 것이 좋다.

그래도 오해가 풀리지 않는다면 시간이 결백을 밝혀줄 것으로 믿고 일상으로 돌아가자. 어쨌든 당신은 남의 혀에 자신의 인생을 맡기지 않기로 결정한 현명한 사람이니 당당하게 어깨를 펴도 좋다.

유언비어에 휘말렸을 때는 적절한 시기에 직접 해명하자.

4

강

스트레스로부터

마음을 지키는 방법

—

하버드 대학의 '행복수업'에서는

다음의 내용을 가르친다고 한다.

"왜 고통스러운 과거 때문에 현재의 기분을 망치려고 합니까?

왜 영문 모를 걱정으로 온종일 불안에 떱니까?

과거는 이미 지나갔고 미래는 아직 오지 않았습니다."

이를 통해 과거를 후회하거나 미래를 걱정하지 않고

현재를 중요하게 여기며 사는 하버드인들의

현명한 인생관을 엿볼 수 있다.

경쟁이 나날이 치열해지는 현대 사회에서는

거의 모든 사람이 과부하 상태에 놓여 있다.

저마다 다른 깊이의 우울한 감정과

정신적 스트레스를 해소하는 힘은 바로 오늘,

지금 이 순간에 집중하는 데서 나온다.

너무 바빠서 걱정할 틈이 없습니다

중세 유럽에 한 장군이 있었다. 그는 포로들을 잔인하게 고문하는 것으로 유명했다. 그중에서 손 하나 까딱하지 않고 포로를 고문하는 방법이 있었는데, 포로의 눈을 가리고 손을 묶은 채 물방울이 떨어지는 자루 밑에 데려다 놓는 것이었다. 물은 한 방울씩 똑똑 소리를 내며 밤낮없이 아래로 떨어졌다. 처음엔 그저 물방울 소리에 불과했지만 시간이 흐를수록 망치가 머리를 두들기는 것처럼 온 신경을 자극했다. 끊임없이 떨어지는 물방울 소리에 시달리던 대부분의 포로가 결국 미쳐 버렸다.

걱정은 계속해서 떨어지는 물방울과 비슷하다. 많은 사람이 크고 작은 걱정에 시달린다. 학교에 들어가면 공부를 못할까 봐 걱정하고, 대학을 졸업한 뒤에는 취업을 못 할까 봐 걱정하고, 나이가 들면 병들까 봐 걱정한다. 사소한 걱정도 계속해서 하다 보면 서서히 궁지에 몰리게 된다. 그런데도 마치 걱정하기 위해 태어난 듯한 사람들이 있다.

"결혼하면 다 변한다던데 당신도 그러는 거 아니야?"

"친구들과 여행 가는 건 좋아. 그런데 혹시 차 사고가 나면 어떡해?"

"퇴근할 때 사장님께 인사를 못 드리고 나온 게 마음에 걸려. 혹시 날 예의 없는 직원이라고 생각하시면 어쩌지?"

이렇게 일어나지도 않을 일을 미리 걱정하거나 지나간 일을 계속 떠올리며 걱정하는 버릇은 신경쇠약을 일으킨다. 걱정이 지나치면 우리는 삶에서 어떤 즐거움과 행복도 느낄 수 없다.

노벨생리의학상 수상자인 알렉시스 카렐은 "걱정에서 벗어나지 못하는 사람은 빨리 죽는다."라고 했다. 병원에서 이런 사례를 실제로 목격할 수 있다. 전 세계적으로 고혈압, 심장병, 위장병, 심리질환을 앓는 환자 수가 꾸준히 증가하고 있다. 이런 질병은 대부분 불안한 정서나 스트레스와 관련이 있다. 그렇다면 이 문제에서 어떻게 해방될 수 있을까?

그 방법 중 하나는 걱정이 들 때 깊이 생각하지 않고 몸을 움직이며 일에 몰두하는 것이다. 영국의 정치가 윈스턴 처칠이 이 방법을 실천한 사람이다. 처칠이 영국 총리로 집권했던 시기는 영국과 독일이 오랜 전쟁을 벌이던 때였다. 그는 영국의 지도자이자 전쟁의 수장으로서 하루에 18시간씩 일했다. 누군가 처칠에게 중책을 맡아 걱정되지 않느냐고 묻자 그는 이렇게 대답했다.

"너무 바빠서 걱정할 틈이 없습니다."

하버드 대학 심리실험실에서는 걱정을 과학적으로 수량화해 통계를 내는 연구를 수행했다. 연구 결과에 따르면 40퍼센트는 미래에 대한 걱정, 30퍼센트는 과거 일에 대한 걱정, 22퍼센트는 생활 속 사소한 일들에 대한 걱정, 4퍼센트는 자기 힘으로 어쩔 수 없는 일에 대한 걱정, 나머지 4퍼센트는 현재 하는 일에 대한 걱정이었다. 즉, 우리가 하는 걱정 중 대부분은 쓸데없는 것이다.

걱정에 시달리지 않으려면 나에게는 오늘만 존재한다는 생각으로, 지나간 과거와 다가올 미래를 머릿속에서 지워야 한다. 그래야만 내 삶이라는 배가 좌초되지 않고 인생이란 바다를 항해할 수 있다.

Point

우리가 하는 걱정 중 대부분은 쓸데없는 것이다.

당신은 그저 마음이 피로했을 뿐이다

한동안 모든 일에 흥미를 잃은 적이 있는가? 단조롭고 기계적인 활동이나 생활을 장기간 하다 보면 신체에 생화학적 변화가 수반된다. 그러면 우울감이 들고 일과 생활에서 열정이 떨어지며 모든 것에서 도망치고 싶어진다. 이것을 마음이 피로한 상태라고 한다.

하버드 대학의 의학자 허버트 벤슨은 마음이 피로하면 신체 면역력이 현저히 떨어진다고 했다. 마음의 피로는 우리 몸에 숨어 있는 '잠재적 살인마'다. 이 살인마는 우리를 하루아침에 사지로 몰아넣지는 않지만 만성중독처럼 일정한 수준으로 쌓여 질병을 유발한다.

마음이 피로하면 몸에 해로운 것이 사실이지만 이것을 생리적 지표로 정확하게 나타낼 수는 없다. 마음의 피로는 주관적인 느낌이라 사람마다 다른 강도와 형태로 나타나기 때문이다. 강도가 약한 사람은 보통 일이나 학업, 생활에서 무료하고 지겨운 감정을 느낀다. 강도가 강한 사람은 신경쇠약과 우울증, 강박행위 등의 증상을 겪으며 생활 태도가 완전히 달라지기도 한다.

무엇이 우리 마음을 피로하게 할까? 현대인에겐 과도한 경쟁과 스트레스가 주요 원인이 된다. 갈수록 경쟁이 치열해지는 시대를 살아가는 많은 사람이 경쟁에서 밀려 실패자가 될까 봐 두려워한다. 그래서 늘 과도한 긴장 상태로 살다 보니 부정적인 감정이 생겨 마음이 피로해진다. 이 밖에 정보의 홍수, 소음, 열악한 주거 환경과 근무 환경, 가정불화, 질병, 대인관계 스트레스, 사업 실패 등도 마음을 피로하게 하는 요인들이다.

마이크 매킨타이어는 자신의 서른일곱 번째 생일날 한마디로 정신 나간 결정을 내렸다. 그는 대우가 좋은 기자직을 그만두고 길에서 만난 노숙자에게 전 재산을 주었다. 그러고는 깨끗한 옷 몇 벌만 챙겨 햇살이 눈부신 캘리포니아를 떠났다. 그는 낯선 이의 호의와 히치하이킹만 믿고 미국 전역을 가로지르는 여행을 시작했다.

마이크는 왜 이런 결정을 내렸을까? 그는 어느 날 문득 자신이 매일 똑같은 일을 반복하느라 청춘을 허비하고 있다고 생각했다. 입사한 이후로 성실하게 일했고 그 대가도 충분히 받았지만, 자기 일을 통해 행복감을 느껴본 적이 없었다. 미국에서 가장 성공한 기업가나 최고의 인기를 누리는 스타와 인터뷰할 때도 전혀 흥분되지 않았다. 마이크는 스스로에게 '난 대체 무엇을 위해서 살고 있지?' 하고 질문했다. 일에 대한 열정이 점점 사라졌고 하루하루가 지루하고 불만스러웠다. 그래서 기자 생활을 그만두기로 결심했다.

마이크는 몇 개월간 방랑하며 자기 인생을 돌아보았다. 미국을 한 바퀴 다 돌고 나서 캘리포니아로 돌아왔을 때는 삶에 대한 열정이 다시 충전되었다. 여행을 마친 마이크는 이전과는 완전히 다른 새로운 삶을 시작했다. 그는 여행하며 글 쓰는 일에 전념하기로 했다. 앞날이 보장되지도, 괜찮은 보수가 약속되지도 않았지만 마이크에겐 이것이 무엇보다 큰 행복을 주는 삶이었다. 그래서 그는 그 삶을 선택했다.

하버드 대학 공중보건학 교수 데이비드 그라보브스키는 연구를 통해 사람은 같은 일을 장기간 계속하면 싫증이 나면서 우울해진다는 사실을 밝혀냈다. 이런 사람은 꺼져가는 등불처럼 에너지와 창의력이 소진되고 업무 성과가 현저하게 떨어진다. 그렇다면 마음의 피로는 어떻게 풀어야 할까? 다음에 제시하는 방법을 사용하면 효과가 있을 것이다.

일, 휴식, 운동, 수면의 균형을 유지하라

일할 때는 일의 중요도에 따라 업무 시간을 합리적으로 안배하고 규칙적으로 생활하며 충분히 휴식을 취해야 한다. 평소에 조깅, 수영, 걷기, 구기 운동 등 적절한 스포츠 활동을 하면서 신체에 활력을 끌어올리면 단순한 일에 종사할 때 생기는 부정적인 감정이나 무력감을 해소할 수 있다. 더불어 피로를 푸는 효과가 탁월한 수면 시간을 매일 적어도 7~8시간은 확보해야 한다.

일에 대한 흥미를 끌어올려라

흥미는 대뇌피질의 흥분과 직접적인 관련이 있다. 사람은 자기가 흥미를 느끼는 일을 할 때는 피로감을 느끼지 않는다. 그러나 흥미가 없는 일을 할 때는 쉽게 피로해진다. 만약 현재 하는 일에 익숙해져 흥미를 잃었다면 다른 방법을 찾아야 한다. 피할 수 없으면 즐기라는 말도 있지 않은가.

업무 순서를 바꾸거나 좀 더 효율적으로 일할 수 있는 방법을 만들어 보자. 회사에서 요구하지 않았지만 이익이 될 만한 사업 아이템을 발굴하는 창의적인 활동을 해보는 것도 좋다. 그러면 회사로부터 기대하지 않았던 보상을 받을 수도 있고, 그렇지 않다고 해도 나의 성장에 분명 도움이 된다.

너무 무리하지 마라

무엇이든 넘치면 부족한 것만 못하다고 했다. 열심히 하는 것도 좋지만 자기 능력을 과대평가하여 스스로에게 과분한 목표를 부여해선 안 된다. 내 힘으로 하기 어려운 일이라는 판단이 서면 목표를 조정하거나 깔끔하게 포기할 줄도 알아야 한다.

주기적으로 힐링의 시간을 가져라

가슴이 답답하고, 우울하고, 업무 효율이 떨어지고, 마음이 뒤숭숭한 증상이 나타났다면 이미 마음이 피로해진 상태다. 마음이 피로한 순간에는 그 상태를 극복하려고 애써 노력하기보다는 잠시 모든 일을 멈추고 힐링의 시간을 갖는 것이 좋다. 휴가를 낼 수 없는 상황이라면 잠시 짬을 내어 쉬는 것도 도움이 된다. 반일 휴가를 내고 호젓한 곳에서 산책하며 머리를 비우는 것도 마음의 피로를 푸는 데 꽤 효과적이다.

(Point)

잠시 모든 일을 멈추고 힐링의 시간을 갖자.

삶이 1년밖에 남지 않았다는 말을 듣는다면

존은 중병을 앓다가 회복한 지 얼마 지나지 않아 또다시 병에 걸렸다. 그는 병을 치료하려고 여러 병원을 찾아다녔다. 하지만 그를 진료한 의사마다 의학적으로 할 수 있는 일이 더는 없다고 했다.

"그럼 저보고 대체 어쩌란 말입니까? 여기서 포기해요?"

"이제 1년 정도 남았습니다. 병을 고칠 수도 없는데 의사를 찾느라 시간 낭비하지 마세요. 사랑하는 사람들과 보내기에도 아까운 시간입니다."

존은 마지막으로 주술사까지 만나 보았지만 도움이 되지 못했다. 가족들은 그의 모습을 지켜보며 가슴 아파했다. 존은 일주일간 방 안에 틀어박혀 자신의 삶을 돌아보았다. 고통스러운 마음이 가라앉고 나니 문득 울고 있는 자신이 바보 같다는 생각이 들었다.

'나에겐 아직 1년이란 시간이 남았어. <u>사는 동안엔 즐겁게</u>

존은 가슴을 활짝 펴고 미소를 지어 보았다. 몸이 아프지 않은 것처럼 씩씩하게 걸어 보기도 했다. 처음엔 어색했지만 억지로라도 그런 체하니 정말로 기운이 솟고 마음이 밝아졌다.

그날 이후 존은 매일 거울 앞에서 자신을 바라보며 미소를 지었다. 이런 노력이 계속되자 점점 몸이 건강해지고 삶도 즐거워졌다. 그리고 의사가 예상한 시한인 1년이 지난 뒤에도 멀쩡하게 살아 있었다.

"이것만은 확신할 수 있습니다. 만약 제가 늘 죽음을 생각했다면 앞으로 수명이 1년밖에 남지 않았다는 의사의 말은 현실이 되었을 겁니다. 그러나 저는 죽음을 받아들이고 우는 대신제 몸이 스스로 회복할 기회를 만들었어요. 바로 긍정적으로 사는 것이었죠."

긍정의 비밀을 발견한 존은 지금도 여전히 건강하게 살아가고 있다.

인간은 감정적인 동물이다. 그렇기에 어려운 일을 당하면 부정적인 감정의 영향을 피하기 어렵다. 병원에서 병을 고칠 방법이 없다는 말을 듣고도 존처럼 자기 삶을 긍정하기로 마음먹는다는 건 결코 쉬운 일이 아니다. 그러나 존의 일화처럼 한 사람의 인생에서 행복과 불행은 바로 이 지점에서 결정된다. 절망적인 상황에 빠졌을 때 희망을 선택하고, 울고 싶을 때 미소 짓는 것은 내 삶의 행복과 불행을 스스로 선택하겠다는 선언과 다름없다. 인생을 살아가려면 부정적인 정서에 압도되지 않고 자기감정을 조절할 줄 아는 능력이 반드시 필요하다.

모든 일은 마음먹기 나름이다

곤경에 처하면 누구나 우울해진다. 이런 감정은 아주 자연스러운 것이다. 하지만 너무 오래 우울해하지는 말자. 대신 가슴을 쭉 펴고 고개를 들고 긍정적인 마음가짐을 가져야 한다. "모든 일은 마음먹기 나름이다."라는 격언처럼 마음가짐이 어떠한가에 따라 인생은 달라질 수 있다. 당신 앞에 펼쳐진 어려움을 받아들이고 온몸으로 헤쳐나갈 각오를 하라. 인생의 시련으로 여겼던 사건이 오히려 당신을 또 한 단계 성장시켜 줄 것이다.

진정으로 용기 있는 사람이 되자

답답하고 괴롭고 자신이 없는가? 그럴 땐 우는 대신 차라리 웃어버리자. 얼굴에 미소를 지음으로써 '난 괜찮아. 이겨낼 자신이 있어.' 하고 스스로에게 암시를 주는 것이다. 이렇게 하면 세상과 맞설 용기가 생기고 어려움을 극복할 결심이 선다. 울고 싶을 때 웃는 것이야말로 진정 용기 있는 인생을 사는 것이고 자신을 아끼고 사랑하는 일이다.

(Point)

사는 동안엔 즐겁게 살아야 하지 않을까?

카네기와 록펠러는
어떻게 근심과 이별했을까?

인간의 본질을 꿰뚫는 처세술 전문가로 유명한 데일 카네기가 어느 날 아내를 도와 설거지를 할 때의 일이다. 카네기의 아내는 노래를 부르며 설거지를 했고, 그는 옆에서 그릇의 물기를 닦으며 속으로 이렇게 생각했다.

'우리가 결혼한 지 18년이 되었으니 아내는 벌써 18년이나 설거지를 했군. 만약 결혼할 때 평생 설거지해야 할 기름이 덕지덕지 묻은 그릇들을 미리 보았다면 어땠을까? 어쩌면 신부로 입장하다가 놀라서 도망갔을지도 몰라.'

카네기는 아내가 설거지를 지겨워하지 않는 이유도 곰곰이 생각해 보았다.

'앞으로 평생 해야 할 설거지를 생각한다면 설거지가 지긋지긋해질 수밖에 없어. 그런데도 아내가 매일 노래를 부르며 설거지를 하는 이유는 그날 설거지할 것만 생각하기 때문이구나.'

그 순간, 카네기는 일요일 아침마다 강단에 서서 사람들에게 어떻게 살아야 하는지에 대해 열변을 토하면서도 정작 자신은 늘 크고 작은 걱정에 휩싸여 살고 있었다는 걸 깨달았다. 카네기는 자신이 깨달은 바를 이렇게 정리했다.

"저는 그날 이후로 어제의 불안을 몽땅 쓰레기통에 던져 넣었습니다. 그리고 '내일' 할 설거지를 '오늘' 걱정하지 않게 되었습니다. 근심은 습관입니다."

근심하는 습관을 내려놓자 카네기를 오랫동안 괴롭히던 위장병과 불면증이 완전히 사라졌다. 그처럼 근심과 이별함으로써 충만한 삶을 산 다른 일화들을 더 소개한다.

근심을 피하는 길은 근심하지 않는 것뿐이다

록펠러는 서른세 살에 백만 달러를 벌었다. 그리고 마흔세 살에는 세계 최대의 독점 기업인 스탠더드 석유회사를 설립했다. 하지만 오랫동안 근심과 두려움, 고도의 긴장 속에 파묻혀 지낸 탓에 쉰세 살이 되자 건강이 급격히 나빠졌다.

당시 록펠러는 불면증과 소화불량, 탈모 증상뿐 아니라 정신적인 문제로 인해 몸이 망가져 몰골이 마치 미라와 같았다. 의사는 그에게 죽음과 은퇴 중에서 하나를 선택해야 한다고 경고했다. 쉰세 살에 죽음의 문턱까지 갔던 록펠러는 결국 은퇴를 선택했고, 그 덕에 아흔여덟 살까지 건강하고 충만한 삶을 살았다.

은퇴 후 록펠러는 한 가지 규칙을 세웠다. 바로 '근심을 피하는 길은 어떤 상황에서도 절대 근심하지 않는 것이다.'라는 규칙이었다. 그는 이 규칙 덕분에 죽음의 문턱에서 목숨을 지킬 수 있었다.

록펠러는 은퇴한 뒤에 골프를 배우고 정원을 손질했으며 이웃들과 카드놀이를 하고 노래를 불렀다. 이 밖에 의미 있는 일도 했다. 도움이 필요한 곳에 돈을 기부하려던 그는 미시간호 근처에 있는 한 학교가 저당권 때문에 폐교될 위기에 처했다는 소식을 들었다. 이에 록펠러는 수백만 달러를 출연하여 학교를 지원했고 덕분에 시카고 대학이 설립되었다.

세상을 살다 보면 뜻대로 되지 않는 일이 많다. 그런 일을 겪을 때마다 무난하게 헤쳐 나가는 사람은 근심에 휩싸인 사람보다는 마음이 가벼운 사람 쪽이다. 내게 닥친 일을 담담하게 받아들이고, 근심하는 대신 오늘 내게 주어진 일에 최선을 다하는 것이 인생을 현명하게 살아가는 방법이다.

일과 개인 생활을 분리한다

성공한 사람들에게는 일과 개인 생활을 철저히 분리하는 습관이 있다. 그들은 업무를 끝내고 한 가정의 아들이나 아빠, 딸이나 엄마로 돌아갈 때면 일과 관련된 모든 생각을 깡그리 잊는다. 이런 능력을 갖춘 사람은 '저녁이 있는 삶'을 살고 일과 생활의 균형을 잡음으로써 더 행복하고 만족스러운 삶을 산다.

일과 개인의 삶 모두 소중하다. 성공한 사람들은 이 두 가지가 공존할 수 있도록 여러 가지로 노력한다. 성공하려면 당연히 열심히 일해야 한다. 하지만 대부분의 일은 하루 단위로 끝나지 않는다. 일을 쌓아두기 싫어서, 일을 마치지 않으면 마음이 불편해서 자꾸 퇴근이 늦어지고 집에서도 일 생각만 하는 사람들이 있다. 하지만 인생을 멀리 내다보자. 퇴근한 뒤에도 일로 골머리를 앓으면 결국 건강을 해치고 일처리 능력과 효율도 떨어진다.

직장에서 불쾌한 일이 있었거나 남은 일이 있어도 집에 오면 최대한 잊으려고 노력해야 한다. 이것도 하나의 습관이다. 사랑하는 가족들과 보내는 시간에 굳이 해결하지 못한 일을 끌어들여 괴로움을 자처할 필요가 있을까? 인생이 마음대로 되지 않더라도 나는 나의 감정과 태도를 선택할 수 있다.

Point

근심을 피하는 길은 어떤 상황에서도 절대 근심하지 않는 것이다.

긍정적인 마음은
스트레스를 에너지로 바꾼다

대기업 인사팀장으로 근무하는 멀린은 유능한 인재다. 멀린의 직속상관은 기회가 있을 때마다 그녀의 업무 능력을 칭찬했다. 회사 대표가 각 지사에 업무 시찰을 나온다고 하자 상관은 그녀에게 업무 보고를 할 기회를 주었다. 이를 통해 멀린을 다른 지사의 인사 총책임자로 추천할 계획이었다. 흔치 않은 기회인 만큼 멀린은 회의 준비에 만전을 기했다.

마침내 그녀가 기대하던 날이 왔다. 멀린은 마음을 가다듬고 업무 보고를 시작했다. 그런데 전혀 예상하지 못한 상황이 벌어졌다. 아무리 큰 회의에서도 긴장하지 않고 여유가 넘치던 그녀의 목소리가 떨리기 시작한 것이다. 심장이 쿵쾅거리고 다리도 후들거렸다. 자신이 무슨 말을 했는지도 기억나지 않았다. 확실한 건 중요한 요점을 모두 빼먹었다는 것이었다.

늘 프로답다는 소리를 들었던 멀린이 왜 그런 실수를 했을까? 그녀가 평소처럼 편안한 마음으로 보고에 나섰다면 자연스럽게 자신의 능력을 충분히 발휘했을 것이다. 그러나 멀린은 자신에게 돌아올 이득, 즉 승진 기회에 너무 집착한 나머지 평상심을 잃고 심한 부담감을 느꼈다. 그 탓에 제 실력을 발휘할 수 없었던 것이다.

멀린이 부담감 때문에 능력을 발휘하지 못했다면 이와 반대인 사례도 있다. 베버는 입사 첫날 회사의 재무 총책임자가 되겠다는 목표를 세우고 노력을 게을리하지 않았다. 부단히 노력한 끝에 그는 마침내 소망을 이뤘다. 수년간 바랐던 일이 하루아침에 실현되니 말할 수 없이 기뻤지만 한편으로는 허탈한 기분이 들었다. 더 이상 동기부여가 되지 않고 부담이 사라진 탓일까? 이후 베버는 업무 처리 과정에서 몇 번이나 실수를 거듭해, 검토를 맡은 이들이 꼼꼼하게 보지 않았더라면 회사에 큰 손실을 입힐 뻔했다.

직장 생활을 하다 보면 이와 비슷한 상황을 겪게 된다. 부담과 업무 효율 사이에는 어떤 관계가 있을까? 멀린의 실수와 베버의 업무 효율 저하는 심리학의 '여키스-도슨 법칙(Yerkes-Dodson Law)'으로 해석할 수 있다.

1908년 심리학자 여키스와 도슨은 동물 실험을 통해 지적 활동의 효율과 불안 수준 사이에는 '거꾸로 된 U형' 곡선으로 나타나는 일정한 함수관계가 있음을 밝혀냈다. '여키스-도슨 법칙'은 스트레스와 행동 효과의 관계를 설명한다. 이 법칙에 따르면 스트레스 수준이 적당할 때 행동 효과는 최고점에 이르고, 스트레스가 거의 없거나 지나치면 행동 효과가 떨어진다.

부담감이 거의 없거나 너무 심한 상태 모두 업무 효율에 지장을 준다. 부담감이 거의 없으면 마음이 느슨해져서 만약의 경우에 대비할 생각을 하지 못하고 책임을 회피하는 버릇이 생긴다. 이런 태도는 업무적으로 성장하는 데 매우 불리하다. 반대로 부담감이 너무 심하면 능력을 정상적으로 발휘할 수 없어 업무 효율이 저하된다. 따라서 직장인들은 부담감을 적정한 수준으로 제어할 수 있어야 한다. 그래야 집중력이 향상되고 실수를 줄이며 업무 효율을 높일 수 있다. 스트레스는 심리적으로 부담을 주지만 에너지로 전환할 수도 있다. 다음이 그 세 가지 방법이다.

도전 즐기기

일이 뜻대로 되지 않으면 스트레스가 쌓이고 괴롭다. 하지만 좋고 나쁨은 그것을 바라보는 생각의 차이일 뿐이다. 일이 내 마음대로 되지 않을 땐 차라리 즐기는 것이 좋다. 그런 마음 자세를 가지면 일하는 도중에 만나는 까다로운 문제들도 비교적 쉽게 해결할 수 있다. 부정적인 감정을 조절하고 용기 내어 부딪치면 잠재력이 최고조로 발휘된다. 이런 과정에서 문제를 해결하면 일이 순탄하게 풀릴 때보다 더 큰 성취감을 느끼고 자신이 한 뼘 더 성장했음을 알게 된다.

환경 바꾸기

계절이 바뀔 때마다 방향제, 화분, 작은 소품 등으로 사무실

책상을 꾸며 근무 환경에 변화를 줘보자. 사람의 기분을 좌우하는 것은 의외로 사소한 변화다. 일하다 지치거나 스트레스를 받을 땐 푸른 허브 화분을 보고 냄새를 맡으면 확실히 기분이 나아진다. 혹은 좌우명이나 내가 좋아하는 글귀 등을 액자에 걸거나 모니터에 붙여 두고 틈날 때마다 보는 것도 도움이 된다.

유머를 잃지 않기

직장 생활을 하다 보면 도무지 피할 길 없이 스트레스를 받을 때가 있다. 그럴 땐 유머가 긴장감을 해소하고 기분을 끌어올리는 데 도움이 된다. 직장 동료와 나누는 사소하지만 즐거운 잡담은 직장 생활의 활력소다. 서로 아무 말 없이 오직 일만 하는 것보단 적당한 농담과 우스갯소리를 하며 일하면 훨씬 즐겁고, 어려운 일도 수월하게 해낼 수 있다.

Point

스트레스는 심리적으로 부담을 주지만
에너지로 전환할 수도 있다.

마음에도 가끔 대청소가 필요하다

어느 부부가 있었다. 결혼한 지 얼마 되지 않아 남편이 바람을 피웠는데, 아내가 이 사실을 알아냈다. 아내는 죽고 싶을 만큼 고통스러웠지만 남편을 여전히 사랑하기 때문에 용서하기로 했다. 남편도 잘못을 뉘우치며 새로운 삶을 다짐했다.

그 이후로 부부는 평안하게 1년을 보냈다. 그 사이에 아내는 사랑스러운 아기도 낳았다. 아내 눈에 남편의 수상한 행동이 포착된 것은 그즈음이었다. 전화가 오면 남편이 급히 밖으로 나가서 받는 것이었다. 그러자 1년 전 남편이 바람피웠던 때가 저절로 떠올랐다.

'무슨 일일까? 왜 매번 비밀스럽게 통화하지?'

아내는 불안했다. 그래서 남편이 샤워하는 틈을 타 몰래 휴대폰 메시지와 통화 기록을 살폈다. 휴대폰에는 이름이 저장되지 않은 전화번호 몇 개 외에는 특별한 점이 없었다. 그런데도 아내는 마음이 놓이지 않아 결국 남편에게 따져 물었다.

"당신 혹시 다시 바람피워? 여자한테 걸려온 전화라 밖에 나가서 받는 거 아니야?"

남편은 깜짝 놀랐지만 이내 아내의 태도를 이해한다는 듯 부드럽게 말했다.

"내가 나가서 전화 받는 걸 알고 있었어? 우리 아기가 곤히 자고 있는데 내가 큰 소리로 전화를 받으면 잠에서 깰까 봐 그랬어. 게다가 당신은 아기를 돌보느라 피곤해서 쉬어야 하는데 내 전화로 방해받으면 안 되잖아."

아내는 그 말을 듣고 눈물을 펑펑 쏟았다. 서러움과 미안함이 교차하여 울음을 그칠 줄 모르는 아내를 품에 안고 남편이 말했다.

"미안해. 나도 내가 나쁜 놈이었다는 거 알아. 하지만 이제 당신도 그만 그 기억을 놓아주면 좋겠어. 다신 그런 짓 안 할 거야. 사랑하는 당신과 우리 아이만 바라보며 살 거라고. 그러니 이제 날 믿어줄 수 있겠어?"

아내는 고개를 끄덕였다. 그러고는 그때까지 마음에 남아 있던 묵은 감정의 쓰레기들을 밖으로 던져 버렸다.

모든 사람에겐 억눌린 감정이 있다. 일화 속 부부처럼 감정의 영향력에서 벗어나 원하는 삶을 살려면 묵은 쓰레기를 내다 버려야 한다. 그래야 감정이 우리 삶에 끼치는 부정적인 영향을 제거할 수 있다.

배출되지 못하고 쌓인 감정의 쓰레기는 마음을 어지럽게 하여 사람 사이에 벽을 만들고 일에도 지장을 준다. 내가 사는 집을 주기적으로 청소하듯 마음도 깨끗하고 산뜻하게 유지해야 한다. 마음의 환경을 가꾸는 것은 우리 인생에서 대단히 중요한 한 부분이다. 그러면 어떤 방식으로 마음의 대청소를 해야 할까?

감정적인 문제 해결에 적극적으로 앞장선다

어떤 이들은 나쁜 감정을 마음에 계속 담아두고 오래 묵힌다. 그렇게 생긴 감정의 쓰레기는 기분을 우울하게 하고 여러 가지 심리적 문제를 유발한다. 일이 잘 풀리지 않는 상황에 처하거나 타인과 사이에 감정적인 앙금이 남아 있다면 회피하지 말고 문제 해결에 앞장서자. 이렇게 감정을 말끔하게 청소해야 항상 정돈된 마음을 유지할 수 있다.

감정을 주기적으로 점검한다

주기적으로 신체 건강 검진을 하듯 감정도 주기적으로 점검해야 한다. 내가 어떤 상황에서 부정적이 되고 절망하고 분노를 표출하는지 주의 깊게 살펴보자.

'혹시 다른 사람과의 관계에 불편한 감정이 남아 있는가?'

'이미 해결된 문제인데 여전히 집착하느라 마음이 괴로운가?'

이렇게 스스로를 돌아보자. 그래야 나도 모르게 남아 있던 감정의 쓰레기를 청소할 수 있다.

(Point)

묵은 감정의 쓰레기들을 밖으로 던져 버려라.

속도보다 중요한 건 방향이다

조지는 일할 때면 속도를 중요시한다. 이런 습관은 수년째 몸에 밴 터라 고칠 수도 없다. 그는 매일 아침 가장 먼저 회사에 도착해 일을 시작한다. 다른 사람은 검토하는 데 최소 10분은 걸릴 문서를 그는 3분이면 다 보고, 타자 치는 속도도 다른 동료들을 훨씬 앞선다. 이런데도 그는 모든 일에 속도를 더 내야 한다고 여기고, 무슨 일을 하든 항상 자신이 가장 먼저 해내기를 바란다. 심지어 가족과 식사할 때조차 그는 '빨리빨리'를 외친다.

조지처럼 덮어놓고 속도에만 집중하는 것은 심리 질환에 가깝다. 최선을 다함에도 불구하고 만족하지 못해 더 속도를 내기 위해 스스로를 다그치는 것은 매우 나쁜 습관이다.

이른바 '속도병'에 걸린 사람의 모습을 달리기에 비유하면 100미터 달리기를 할 때의 속도로 마라톤을 하는 것과 같다. 이렇게 달리면 경기가 끝났을 때 기력을 완전히 잃어버린다.

속도와 효율이라는 두 마리 토끼를 다 잡으면 당연히 좋겠지만 속도에 지나치게 집착하면 결국 건강을 해친다. 생활 리듬이 과도하게 빠르면 신체 면역 기능이 저하되어 각종 질병이 생기기 때문이다. 이렇듯 속도병은 자신에게 해가 되므로 항상 경계해야 한다. 혹시 내가 속도병에 걸렸는지 궁금한가? 다음 세 가지 테스트로 확인할 수 있다.

시간 예측법

친구나 주변 사람에게 시간을 재게 하고 내가 생각하는 1분이 어느 정도인지 예측해 보자. 우선 자리에 앉아 마음을 편안히 하고 눈을 감은 채로 생각을 비운다. 그런 다음 시간을 재는 사람이 시작 신호를 주면 대략 1분이 지났다고 생각되는 시점에 "끝!"이라고 말하고 예측한 시간이 맞는지 확인해 본다.

이 테스트를 하면 대부분의 사람이 실제 시간보다 짧게 1분을 예측한다. 어떤 사람은 겨우 15초밖에 지나지 않았는데 "끝!"을 외쳤고, 심지어는 7초 만에 1분이 지났다고 말한 사람도 있었다. 1분을 거의 정확히 예측한 사람은 드물었다. 만약 몇 초 또는 십몇 초 만에 끝을 외쳤다면 속도병을 의심해 봐야 한다.

감정 예측법

나는 1분 동안 가만히 앉아 있고 도와주는 사람이 시간을 재어 1분이 되면 "끝!"이라고 말하도록 한다. 테스트가 끝난 뒤

1분간 아무것도 하지 않았을 때 어떤 느낌이 들었는지 돌아보자. 시간이 너무 느리게 간다는 생각이 들었는가? 아니면 긴 시간을 여유 있게 보낸 느낌이 들었는가? 이런 생각은 괜찮다. 그러나 만약 자신이 '게으름'을 피우고 있다는 생각에 죄책감이 들었다면 속도병에 가깝다.

습관 예측법

외출할 때 손목시계를 집에 두고 나간 적이 있는가? 이때 온종일 시간을 확인하려고 손목을 자주 쳐다보지는 않았는지 돌이켜본다. 또는 벽에 걸린 시계나 스마트폰으로 수시로 시간을 확인하는가? 그리고 오늘 할 일을 시간 단위로 쪼개는가? 그렇다면 속도병 환자일 수 있다. 사람들은 업무, 미팅, 마감 등으로 바쁜 하루를 보낸다. 이때 자신을 계속 재촉하면 무의식적으로 시간에 쫓기게 된다.

테스트 결과가 어떤가? 혹시 당신도 속도병인 것으로 의심되는가? 그렇다면 자신의 생활을 돌아보고 반성해야 한다. 속도가 우리 삶의 제1 원칙이 되어선 안 된다. 단지 속도를 높이는 것만으로는 원하는 바를 다 이루지 못한다. 속도보다 중요한 건 방향이다. 내가 어느 방향으로 달려야 하는지 알아야 제대로 된 목적지에 이를 수 있다.

이솝 우화의 〈토끼와 거북이〉를 보면 빠른 토끼와 느린 거북이가 달리기 경주를 한다. 이 경주에서 거북이가 승리한다는 결론은 중요한 화두를 던진다. 토끼는 자신의 빠른 속도를 믿다가 방심했고, 거북이는 느리지만 묵묵히 자신의 길을 갔다. 결국 토끼보다 느린 거북이가 먼저 결승점에 도착했다. 토끼의 속도와 거북이의 방향성 중 당신은 어떤 것을 선택할 것인가? 매일 쫓기는 듯한 기분에 시달린다면 다음 내용을 곱씹어 보자. 우리에겐 잠시 속도를 늦추고 지금 어디로 가고 있는지 돌아볼 시간이 필요하다.

- 내가 하는 모든 일을 즐기면 삶이 더 풍요로워진다.
- 퇴근하면 그날 일은 잊고, 휴일은 느긋한 마음으로 보낸다.
- 인생에서 하루아침에 완성되는 일은 없음을 상기한다.
- 세상의 속도에 맞추느라 서두르면 오히려 일을 망치거나 멀리 돌아가게 된다.
- 묵묵히 자신의 길을 갈 때 더 순탄한 인생이 펼쳐진다.

(Point)

속도가 우리 삶의 제1 원칙이 되어선 안 된다.

4강 ✳ 스트레스로부터 마음을 지키는 방법

5
강

분노를 새로운 에너지로

바꾸다

분노는 인간의 자연스러운 감정이다.

다만, 분노가 내 마음을 장악하지 않도록

이성으로 억누를 수 있어야 한다.

분노를 잘 이용할 줄 아는 사람은 자신을 발전시키는

놀라운 힘으로 이를 전환한다. 그러나 분노를

이용할 줄 모르는 사람은 사소한 자극에도

예민한 반응을 보이고, 자신뿐 아니라 상대에게도

지울 수 없는 상처를 입힌다.

하버드 대학 교수 제시카 스턴은

"용감한 사람만이 관용을 베풀며

겁쟁이는 절대 관용을 베풀지 못한다."라고 했다.

편협함은 던져버리고 자신과 타인을 포용하면

절대로 용서하지 못할 것 같은 일도 사소해진다.

감정의 노예가 되지 마라

《마지막 잎새》로 잘 알려진 미국의 소설가 오 헨리가 친구와 함께 마트에 갔을 때의 일이다. 물건을 계산하면서 오 헨리는 점원에게 공손한 말투로 "고맙습니다."라고 인사했다. 그러나 점원은 무표정한 얼굴로 대꾸도 하지 않았다.

"참 예의 없는 점원이군. 서비스 태도가 아주 엉망이야!"

마트 밖으로 나가며 친구가 투덜거렸다. 이에 오 헨리는 어깨만 으쓱했다.

"매일 오후에 가면 항상 저 모양이더라고."

그러자 친구가 의아한 얼굴로 물었다.

"자네는 저런 사람에게 왜 그렇게 공손해? 기분이 나쁘지도 않은가?"

오 헨리가 대답했다.

"내 감정이 저 점원에 의해 휘둘릴 이유가 있나?"

감정 조절과 관련하여 나폴레옹은 "자기감정을 조절할 줄 아는 사람은 한 도시를 장악한 장군보다 위대하다."라고 말했다. 세상에 화낼 줄 모르는 사람은 없다. 그러나 화내는 것은 일종의 습관이고 나아가 개인이 선택할 문제다. 오 헨리가 점원이 무뚝뚝하게 굴든 말든 상관하지 않고 늘 공손하게 인사한 것은 상대의 감정에 따라 내 태도를 바꾸는 것으로 품위를 손상하고 싶지 않았기 때문이다.

하버드 대학 심리학자 피아제는 부정적인 감정이 폭발하려고 할 때 스스로 완벽하게 조절하기란 대단히 어렵지만 그럴 수 있도록 노력해야 한다고 강조했다. 분노를 발산하려고 다른 사람에게 화내는 것은 미련한 짓이다. 차라리 웃어버리거나 운동, 취미 활동 등을 하는 것이 좋다.

하버드 대학 전 총장을 지낸 드루 길핀 파우스트는 "분노가 이성의 촛불을 끄면 인류는 암흑 속에 빠진다."라고 했다. 하버드 대학 출신인 심리학 교수 레드포드 윌리엄스 박사는 《분노가 죽인다(Anger Kills)》라는 책을 다른 학자와 공동 집필하기도 했다.

하버드 대학에는 심리 훈련 프로그램이 매우 많다. 그중에서도 중요하게 분류되는 프로그램이 바로 분노 관리에 관한 것이다. 그 이유는 분노가 항상 돌발적인 상황에서 일어나고 일상생활에서 가장 대처하기 어려운 감정이기 때문이다.

감정을 잘 다루려면 어떻게 해야 할까? 다음 내용을 살펴보면서 현재 나를 화나게 하는 일이 정말 화낼 필요가 있는 일인지 판단하고, 현명하게 생각하고 말하는 방법을 알아보자.

이 일이 화낼 만큼 중요한 일인지 파악한다

가끔 눈앞에 벌어진 일로 인해 화낼 필요가 있는지 스스로 판단할 수 없을 때가 있다. 그럴 때는 '내일도 이 일 때문에 화를 낼까?' 하고 가정해 본다.

화내는 것이 적절한지 알아본다

친구와 가족에게 자신의 상황을 설명했을 때 그들도 같은 반응을 보일지 예상해 보거나 직접 물어본다.

화내서 달라질 수 있는 일인지 생각해 본다

교통 체증, 갑자기 내리는 비, 내 말을 도중에 자꾸 끊는 사람 등은 확실히 사람을 짜증 나게 한다. 내가 어쩔 도리가 없는 일들로 화내는 건 에너지 낭비다. 하지만 내 힘으로 해결할 수 있는 일이라면 적극적으로 개선에 나서자.

내가 화나는 이유를 미리 파악한다

체중 때문에 놀림을 당해 화가 울컥 치미는가? 상사가 야근을 당연하게 강요하는 바람에 화를 참지 못하겠는가? 이처럼 자신이 무엇 때문에 화나는지 그 이유를 파악하고, 다음에 같은 일이 또다시 일어나면 어떻게 화를 가라앉힐지 미리 방법을 생각해 둔다.

타인이 아닌 내 사고방식에 분노의 원인이 있음을 안다

쉽게 분노하는 사람들 대다수는 무턱대고 남 탓을 하는 버릇이 있다. 그러나 이들이 실제로 화를 주체하지 못하는 이유는 지나치게 부정적인 사고방식 때문이다. 이들은 자신을 화나게 하는 상황을 떠올리기만 해도 분노를 참지 못한다. 분노의 원인이 자신의 사고방식에 문제가 있기 때문이라는 것을 깨닫고 인정한다면, 책임지고 감정을 조절할 수 있다.

잠시 열을 식힌 뒤 차분하게 이야기한다

분노라는 아주 강렬한 감정은 종종 이성을 잃게 한다. 분노가 한번 일면 인간은 뒷감당하기 어려울 만큼 일을 심각하게 만든다. 분노할 때는 제멋대로 말이 튀어나오고 결국 평생 후회할 일을 만든다. 그러므로 화가 날 때는 하고 싶은 말이 있어도 우선 입을 꼭 닫자. 그리고 잠시 열을 식힌 뒤 차분하게 이야기하는 것이 좋다.

(Point)

상대의 감정에 따라 내 태도를 바꾸지 말자.

5강 ✳ 분노를 새로운 에너지로 바꾸다

천국과 지옥은 동전의 양면이다

우리는 자기가 손해 보는 상황이 되면 쉽게 분노한다. 또 다른 사람이 무심코 저지른 실수를 고의로 오해하고 별 뜻 없는 말에 무례하다며 발끈한다. 이렇게 보면 사람들은 마음속에 도화선 하나를 가지고 있는 것 같다. 타인의 작은 실수나 무례함에도 '눈에는 눈, 이에는 이'와 같은 식으로 분노의 도화선에 불을 붙이니 말이다.

한 무사가 깨달음을 얻은 선사에게 천국과 지옥에 관해 가르침을 청했다. 선사는 바로 답하지 않고 무사를 가만히 바라보다가 불쑥 말했다.

"자네는 일개 무사인 데다 인물이 못나고 미련해 보이는군. 앞으로 아무도 자네를 중용하지 않을 걸세."

진지하게 가르침을 청했는데 영문도 모른 채 모욕당하자, 무사는 순간적으로 화가 치밀어 바로 허리춤에 찬 검을 빼 들었다. 그러자 선사는 뒤로 물러서지 않고 태연하게 말했다.

"지옥의 문이 여기에서 열리는구나."

그 말에 번뜩 정신을 차린 무사가 검을 바닥에 내려놓고는 선사에게 깊이 허리를 숙여 사죄했다. 그러자 선사가 웃으며 말했다.

"천국의 문이 여기에서 열리는구나."

무사는 그제야 천당과 지옥이 무엇인지 깨달았다.

천국과 지옥은 동전의 양면과도 같아서 생각에 따라 뒤집힌다. 사람의 생각으로 삶의 시시비비와 부침이 일고, 인생의 행과 불행이 결정된다. 어떤 곳이든 천국이라고 생각하면 그곳이 천국이고, 지옥이라고 생각하면 그곳이 바로 지옥이 된다. 마음에 행복을 그리고 살면 내 발길 닿는 곳이 천국이고, 고난을 지고 살면 모든 곳이 지옥이다. 너그러운 마음으로 남을 대하면 천국에 사는 것이고, 남의 작은 실수에도 복수심을 가지면 지옥에 사는 것이다.

하버드 대학 심리학 교수들은 항상 학생들에게 이렇게 가르친다.

"천국과 지옥은 사람의 생각과 행동으로 만들어진다. 천국과 지옥을 두려워하지 말고 기울어진 마음을 두려워하라."

내 생각이 행동을 만들고, 세상일은 생각이 이끄는 대로 따라간다. 많은 사람이 타인의 행동에 대해 지나치게 예민하고 충동적으로 반응한다. 한 번의 실수로 상대와의 관계를 성급하게 결정짓기도 하는데 이러면 후회할 가능성이 크다. 한순간의 실수로 인해 후회할 일을 만들어야 할까? 일을 돌이킬 수 없는 지경으로 만들고 나서 나중에 반성하는 일은 없어야 할 것이다.

인생에서 한번 지나간 시간과 기회는 다시 오지 않는다. 한번 저지른 잘못을 만회하기도 쉽지 않다. 지옥문 앞에서 우리를 기다리는 것은 후회의 고통일지도 모른다. 그렇기 때문에 우리는 생각을 바로잡아 현명하게 선택하고 감정을 조절할 줄 알아야 한다.

어느 철학자는 "자신의 악한 생각이 죄임을 인식하고 3초 안에 그 생각을 단호히 버렸다면 그것은 작은 죄다. 만약 악한 생각을 3초 이상 한다면 그것은 큰 죄다."라고 말했다. 생각은 측량할 수 없지만, 이를 얼마나 제어할 줄 아느냐에 따라 죄의 무게는 가벼워지기도 하고 무거워지기도 한다.

천당과 지옥은 우리 마음속에 늘 존재한다. 그러나 한순간의 실수를 두려워할 필요는 없다. 우리에겐 선택할 기회가 남아 있기 때문이다. 생각의 방향을 바로잡는다면 분명 현명한 선택을 할 수 있을 것이다.

(Point)

내 생각이 행동을 만들고, 세상일은 생각이 이끄는 대로 따라간다.

피카소는 왜 위작을 눈감아줬을까?

한 청년이 만원 버스에 올라탔다. 버스 안은 학교에 가는 학생과 출근하는 인파로 붐볐다. 그런데 누군가 그의 발을 밟았다. 청년은 버스 안이 붐벼서 그러려니 생각했다. 그런데 조금 있다가 또 발을 밟기에 앞을 보니 한 남자가 비스듬히 서 있었다. 청년은 불쾌한 감정을 누르고 정중하게 말했다.

"제 발을 두 번이나 밟으셨어요."

"이런, 정말 죄송합니다!"

상대방은 다급히 사과했고 청년도 더 따지지 않았다. 그런데 잠시 뒤 또 같은 사람이 청년의 발을 밟았다.

'일부러 내 발을 밟는 건가?'

청년은 저도 모르게 버럭 소리를 질렀다.

"이봐요, 벌써 몇 번째예요? 눈이 멀었어요?"

상대방은 당황했는지 연신 "죄송합니다!"라며 고개를 숙였다. 청년은 아침부터 기분이 상해 씩씩거렸다. 목적지에 다다른 청년이 버스에서 내리는데 청년의 발을 밟은 남자도 뒤따라 내렸다. 남자의 모습을 확인한 청년은 얼굴이 확 달아올랐다. "눈이 멀었어요?" 하고 면박을 주었던 상대가 정말 맹인이었던 것이다. 남자는 지팡이로 천천히 길을 더듬으며 사라졌고, 청년은 자신의 섣부른 행동을 두고두고 후회했다.

우리는 자신에게 일어난 일에 집중하느라 상대방의 입장은 거의 생각하지 않는다. 오직 내가 손해를 보거나 불편을 겪은 것만 따진다. 상대방이 내게 실수했다면 그럴 만한 이유가 있을 거라고 이해하는 마음을 가져야 하는데, 작은 실수를 마치 큰 잘못처럼 비난하곤 한다.

사람에겐 누구나 자기만의 고충이 있다. 그러므로 입장을 바꿔 상대방의 처지에서 생각할 줄도 알아야 한다. 입체파를 대표하는 천재 화가 피카소는 자신을 사칭하여 위작을 그리는 사람이 있다는 소식을 접하고도 태연하게 말했다.

"그들은 가난한 사람 아니면 내 오랜 친구겠죠. 스페인 사람은 그런 일로 친구와 불편한 관계가 되지 않습니다. 작품의 진위를 감정하는 전문가도 밥벌이를 해야 하지 않겠습니까. 어쨌든 전 손해 보지 않았으니 괜찮습니다."

사과 때문에 늘 말다툼을 하는 부부가 있었다. 아내는 사과 껍질에 농약이 묻어 건강에 해롭다며 늘 껍질을 깎았다. 그러나 남편은 껍질에 영양소가 풍부하게 함유되어 있으니 껍질째 먹어야 한다는 입장이었다. 남편은 항상 낭비한다며 아내를 나무랐고 아내 역시 자기 의견을 고집했다. 사소한 일이었지만 부부는 사과를 먹을 때마다 다투었고, 이 때문에 서로 감정이 상했다. 남편의 하소연에 친구가 이렇게 충고했다.

"사람마다 살아온 방식이 다르니 아내 입장도 이해해야지. 자네에겐 껍질째 먹는 게 정답이지만 아내에겐 깎아 먹는 게 정답인 거야. 서로의 차이를 너그럽게 이해하고 감쌀 줄 알아야 해."

남편은 부끄러웠지만 여전히 몸에 좋은 껍질을 버리는 것이 아까웠다. 그러자 그 심정을 눈치챈 친구가 덧붙였다.

"그럼 앞으로 둘이 사과를 먹을 땐 아내가 사과 껍질을 깎도록 두고 자네가 그걸 먹으면 깔끔하게 해결되겠군."

친구의 재치에 남편은 크게 웃었다.

우리는 이처럼 사소한 일로 다른 이와 종종 대립한다. 일화 속 부부처럼 사과 껍질을 먹느냐 마느냐를 두고 서로 굽히지 않고 자기 의견을 고집한다. 이럴 때 먼저 마음을 열고 한 걸음 양보하면 어떨까? 사람들은 저마다 다른 생활환경에서 성장해 다른 가치관을 가지고 있다. 그러니 다른 사람들과 조화롭게 어울려 살려면 넓은 시야와 너그러운 마음을 지녀야 한다. 다른 이를 배려하고 나와 다름을 포용할 줄 알면 행복은 한 걸음 더 가까워진다.

(Point)

입장을 바꿔 상대방의 처지에서 생각할 줄도 알아야 한다.

5강 ✳ 분노를 새로운 에너지로 바꾸다

자극하면 커지는 '분노의 자루'

고대 그리스 신화의 영웅 헤라클레스가 울퉁불퉁한 산길을 걸어가고 있었다. 그런데 저만치에 놓인 불룩한 자루 하나가 눈에 들어왔다. 헤라클레스는 가까이 다가가 좁은 산길을 가로막은 그 자루를 발로 걷어찼다.

그러자 생각지도 못한 일이 벌어졌다. 자루가 터질 줄 알았는데 오히려 크게 부풀어 오른 것이다. 볼품없는 자루에 농락당한 헤라클레스는 벌컥 화가 나 굵직한 나뭇가지를 하나 꺾어 자루를 힘껏 내리쳤다. 그러자 자루는 더 커지더니 산길을 완전히 막아 버렸다. 이때 현인이 나타나 헤라클레스에게 온화한 말투로 말했다.

"젊은이, 어서 나뭇가지를 내려놓고 그 자루에서 멀리 떨어지게. 그건 '분노의 자루'일세. 건드리지 않으면 원래 크기대로 다시 작아지지만 자꾸 자극하면 점점 더 크게 부풀어 오른다네. 자루가 더 커져 길을 완전히 막아 버리면 이 길을 지나갈 수 없지 않겠는가."

이제 가슴에 손을 얹고 생각해 보자. 헤라클레스가 산길을 막은 자루를 걷어챘듯이 갈등 상황에서 손해 보지 않으려고 상대방을 몰아붙인 적은 없는지 말이다. 사람들은 먼저 양보하면 체면이 깎이고 무시당한다고 여긴다. 그렇지만 그런 잘못된 생각은 갈등을 더욱 부추기고 심화해 결국엔 상황을 수습할 수 없는 지경까지 몰아간다. 헤라클레스가 내리치는 바람에 점점 더 부풀어 올라 산길을 완전히 막아 버린 분노의 자루처럼 말이다.

갈등 상황에서 잠시 인내하고 관용을 베푸는 것이 자존심 상할 일은 아니다. 이것은 오히려 자신의 너그러움과 성숙함을 보여주는 행동이다. 하버드 대학의 한 교수도 "적의와 증오가 끝없이 높아지는 벽이라면, 인내와 관용은 한없이 넓어지는 길과 같다."라고 했다.

이런 까닭에 우리는 타인에게 관용을 베풀고 악의를 선의로 대해야 하며 내가 싫어하는 사람이라도 존중할 줄 알아야 한다. 헤라클레스에게 분노의 자루를 건드리지 않으면 원래 크기로 돌아온다고 한 현인의 말처럼 잠깐 참으면 불쾌한 일을 더 크게 만들지 않을 수 있다.

하버드 대학의 한 심리 전문가는 마음가짐이 우리 몸과 마음에 어떤 영향을 미치는지 알아보기 위해 실험을 수행했다. 피실험자들은 같은 경험을 먼저 너그러운 마음으로 회상해 보고, 다시 원망하는 마음으로도 회상해 보았다. 같은 경험을 다른 마음가짐으로 회상한 결과는 어땠을까? 너그러운 마음일 때는 피실험자의 모든 신체 활동이 정상이었지만, 원망하는 마음일 때는 평균 심장박동수가 증가했고 혈압도 높아졌다. 이 결과에서 알 수 있듯 불만과 원망은 몸과 마음의 건강에 해롭다.

복잡한 세상을 살아가며 우리는 종종 다른 사람과 마찰을 빚는다. 이렇게 유쾌하지 않은 일이 생겼을 때 대응하는 방식은 사람마다 다르다. 대범하고 마음이 넓은 사람은 다른 사람을 포용하고 용서할 줄 안다. 반대로 속이 좁은 사람은 날카롭게 맞서고 잘잘못을 따지느라 다른 사람에게 상처를 준다.

독일의 성직자 토마스 아 켐피스는 "자신과 이웃을 동일한 저울로 평가하는 사람은 드물다."라고 했다. 이 말은 남의 잘못을 지적할 때는 엄격하면서 자신의 잘못을 대할 땐 그렇지 않다는 뜻이다. 이런 이치를 마음에 새긴다면 자신을 용서하듯 다른 이도 용서할 수 있을 것이다. 인내하고 관용을 베풀 줄 아는 사람에겐 품격이 있다. 이런 사람은 마음속 앙금을 단련함으로써 더욱 지혜롭고 성숙해진다.

Point

잠깐 참으면 불쾌한 일을 더 크게 만들지 않을 수 있다.

원한을 품고 사는 건
무거운 벽돌을 지고 사는 것

한 젊은이가 다른 사람과 원수진 뒤로 계속 마음이 답답하고 울적했다. 이런 고통에서 벗어나고 싶었던 그는 유명한 정신과 의사를 찾아가 자신의 고통을 치유해 달라고 부탁했다. 의사는 그가 고통에 시달리는 이유를 듣고 나서 웃으며 말했다.

"제 진료실 밖에 마침 벽돌 한 무더기가 쌓여 있습니다. 미워하는 사람들의 이름을 그 벽돌에 써서 등에 져 보세요."

젊은이는 영문을 몰랐지만 어쨌든 의사가 시키는 대로 했다. 그는 십여 개의 벽돌에 원수진 사람의 이름을 써서 커다란 가방에 담아 등에 졌다. 벽돌을 지고 의사에게 가는 잠시 동안에도 무거운 벽돌 무게에 어깨가 빠질 것만 같았다. 젊은이는 의사를 보자마자 벽돌을 언제 내려놓을지 물었다. 그러자 의사가 또다시 빙그레 웃으며 물었다.

"왜 내려놓으려고 하세요?"

"그야 이렇게 무거운 걸 지고 있으면 힘드니까요."

젊은이의 멋쩍은 대답에 의사가 말을 이었다.

"이제 고통을 지고 사는 것이 얼마나 무거운지 알게 되셨군요. 가슴에 맺힌 원한은 그만 내려놓으세요. 원한을 품고 사는 건 무거운 벽돌을 지고 사는 것보다 훨씬 힘겹습니다."

젊은이는 그제야 의사의 깊은 뜻을 알아차렸다.

살면서 갈등과 충돌을 피하기는 어렵다. 가족, 연인, 친구와의 관계와 직장 생활 등에서 우리는 크고 작은 충돌을 겪는다. 크게 부딪치고 나면 미움이 쌓인다. 미움을 품는 건 한순간이지만 털어내기란 쉽지 않다. 남을 미워하는 마음을 품고 거울 앞에 서면 내 얼굴이 어쩐지 다르게 보인다. 누군가를 미워하는 마음은 내 얼굴뿐 아니라 상대방과 세상, 삶 전체를 이전과 달라 보이게 한다.

사람은 자기가 손해 보거나 미움을 받으면 되갚아주고 싶어한다. 그러나 이미 지나간 일에 매달리면 내 에너지와 시간을 빼앗길 뿐이며, 증오심으로 손해를 보상받겠다는 건 망상이다. 그것은 더없이 깊은 번뇌와 고통만 초래한다. 증오심은 결코 삶의 원동력이 될 수 없고 나를 행복과 더 멀어지게 한다.

증오는 양날의 검과 같아서 남에게 상처를 주면 그와 동시에 자신도 상처를 입는다. 증오란 내 행복을 제물 삼아 남의 행복을 짓밟으려는 감정이다. 그러니 내가 먼저 벗어나자. 먼저 벗어나는 사람이 일찍 고통에서 해방될 수 있다.

링컨은 미국 역사상 가장 위대한 대통령이다. 그는 자신의 감정을 잘 다스렸을 뿐만 아니라 함께 일하는 사람들이 감정을 조절하는 데도 많은 도움을 주었다.

하루는 국방장관 스탠턴이 링컨의 집무실로 찾아와 한 육군 소장이 자신을 모욕했다며 씩씩댔다. 링컨은 그의 말을 다 듣더니 그 육군 소장의 잘못을 신랄하게 지적하는 편지를 쓰라고 제안했다. 스탠턴은 곧바로 자신의 감정을 강한 표현으로 쏟아냈다. 그리고 그 편지를 링컨에게 보여주었다.

"제가 말한 게 바로 이겁니다. 따끔하게 훈계했군요. 아주 잘 썼습니다."

링컨의 말에 만족스러운 얼굴을 한 스탠턴이 편지를 집어 봉투에 넣으려고 했다. 그러자 링컨이 그의 손을 잡고 물었다.

"지금 뭐 하는 겁니까?"

"이제 봉투에 넣어 발송해야죠."

스탠턴이 의아한 얼굴로 대답했다. 링컨의 목소리가 커졌다.

"괜한 소란 피우지 마세요. 그 편지는 보내면 안 됩니다. 어서 난로에 던져 태워 없애 버려요. 나는 화가 날 때 쓴 편지는 바로 이렇게 없앱니다. 그 편지는 잘 썼습니다. 쓰는 동안 화가 누그러져 지금은 많이 편안해졌지요? 그러니 그 편지는 태워 없애고 냉정한 마음으로 다시 편지를 써서 보내세요."

삶은 우리에게 화낼 권리를 부여했고 우리에게는 남을 미워할 자유가 있다. 하지만 타오르는 미움이라는 감정의 꼭두각시가 되지 않으려면, 미움을 안전하게 분출하고 조절할 줄 알아야 한다. 그래서 마음이 평온한 사람은 증오심이 생겨도 오래 품지 않고 곧바로 손에서 놓아버린다. 링컨이 스탠턴의 감정을 해소하도록 도와준 뒤 편지를 곧바로 태우게 한 것처럼 말이다.

자신에게 모욕적인 말을 한 육군 소장을 비난하려고 했던 스탠턴처럼 우리는 상대방에게 상처를 입으면 그것을 되갚을 생각부터 한다. 하지만 모든 잘못을 상대에게 떠넘기고 분노하기보다는 감정을 스스로 감당하는 법을 먼저 배워야 한다. 그런 뒤 "내가 먼저 멈추자."라고 스스로에게 단호하게 말해야 한다.

"상대방이 내게 한 잘못을 절대로 잊을 수 없어. 무덤에 들어가서도 잊지 않을 거야."

이렇게 누군가를 미워하는 마음을 끝까지 품고 살면 평생 고통에 시달리게 된다. 원수의 이름을 쓴 벽돌을 등에 지고 산다면 얼마나 무겁겠는가? 그 고통은 감당할 수 없는 무게로 나를 짓누를 것이다. 벽돌을 내려놓고 홀가분한 마음으로 인생의 즐거움을 누려야 한다.

마음에 장미 한 송이를 놓으면 그 고운 자태에 마음이 즐겁고, 푸르른 잔디를 깔면 마음이 싱그럽고 넓어진다. 그러나 마음에 증오를 심으면 한평생 감당할 수 없는 무게와 고통에 시달리게 된다. 그러니 너그러운 마음으로 내가 먼저 갈등을 풀고 내면을 사랑과 아름다움으로 채우자.

타오르는 미움이라는 감정의 꼭두각시가 되지 말자.

세상에 완벽한 사람은 없다

낭만의 대명사로 프러포즈나 기념일에 가장 많이 사용되는 꽃인 장미. 이 아름다운 꽃에는 날카로운 가시가 돋아 있다. 그렇다고 해서 장미가 불완전한 존재인가 하면 전혀 그렇지 않다. 가시는 장미의 가치를 조금도 훼손하지 않는다.

세상엔 있는 그대로의 아름다움과 가치를 모르는 사람들이 많다. 그런 사람들은 다른 이를 있는 그대로 인정하거나 받아들이지 못한다. 그래서 가시가 돋쳤다는 이유로 장미의 아름다움을 무시하고, 독을 품고 있다는 이유로 전갈의 약효를 우습게 여긴다.

최근 급격히 성장한 어느 스타트업 회사는 직원 대우가 후한데도 유독 퇴사하고 다른 직장으로 옮기는 직원들이 많았다. 그 이유는 거의 반년마다 전 직원의 70퍼센트가 '대규모 구조조정'을 당하는 상황이 벌어졌기 때문이다. 대체 왜 그런 일이 일어났을까?

원인은 전적으로 회사의 인사팀장에게 있었다. 인사팀장은 회사의 창립 멤버 중 한 명으로 직원을 선발하는 기준이 대단히 까다로웠다. 그는 성품이 좋고 능력이 출중한 사람 위주로 직원을 뽑았고, 어느 한 가지라도 눈에 거슬리면 곧바로 핀잔을 주었다. 예를 들어 톰은 더러운 신발을 신어 회사 이미지에 먹칠한다고 한 소리를 들었고, 앨리는 고객을 접대할 때 치아가 드러날 만큼 활짝 웃지 않아 접객 매너가 좋지 않다며 잔소리를 들었다. 업무상 실수하거나 차질을 빚으면 호된 질책을 각오해야 했다. 이렇게 엄격한 인사팀장을 버텨낼 수 없었던 직원들은 입사 후 반년을 넘기지 못하고 다른 회사로 옮겼다.

이 인사팀장은 세상에 완벽한 사람은 없다는 평범한 진리를 모르고 있다. 우리 주변엔 장미의 가시처럼 '결점'을 가진 듯 보이지만 있는 그대로 가치를 지닌 사람이 많다. 훌륭한 교사는 장난이 심한 학생의 교육을 포기하거나 학생의 장점을 무시하지 않는다. 훌륭한 리더는 실수를 저지른 직원을 경솔하게 해고하지 않고 그의 장점을 살려 활용한다. 훌륭한 투자자는 이해득실을 따져 이익이 더 크면 약간 손해를 보더라도 뚝심 있게 투자한다.

이와 반대로 옹졸한 사람은 꿀벌의 침을 탓하느라 꿀벌들이 꽃밭에서 노니는 자태를 감상하지 못한다. 시야가 좁은 사람은 장미의 가시에 집중하느라 꽃을 감상하는 연인의 행복한 미소를 보지 못한다. 지혜롭고 너그러운 사람은 사물의 가장 아름다운 부분에 눈길을 준다. 이런 사람은 타인의 능력과 가치를 인정하고 시시콜콜한 면까지 따지지 않는다.

가시 돋친 장미의 아름다움을 감상할 줄 아는 것이야말로 세상을 지혜롭게 사는 방법이다. 그러면 장미의 향기와 우아함을 즐길 수 있고 덩달아 마음도 기쁘고 즐거워진다. 아름다운 꽃 대신 가시에만 눈길을 주는 좁은 시야로 살아간다면 결국 가시에 손가락을 찔리고 말 것이다. 나의 시선을 오직 아름다움과 가치, 장점에만 두자.

Point

있는 그대로의 아름다움과 가치를 인정하자.

5강 ✳ 분노를 새로운 에너지로 바꾸다

관용, 영혼에 숨을 불어넣는 행위

필라델피아로 향하는 기차에 한 여성이 올라탔다. 그녀는 사람이 붐비는 객차를 지나쳐 빈 곳을 찾아 들어갔다. 아무도 없는 줄 알았는데 맞은편에 한 남자가 앉아 있었다. 그는 무심하게 담배에 불을 붙이고는 깊이 빨아들였다. 여성은 담배 냄새를 맡자 숨이 턱 막혀 일부러 고개를 창밖으로 돌리고 콜록콜록 기침 소리를 냈다. 남자가 담배를 그만 피우게 하려는 의도에서였다. 그러나 남자는 그녀에게 아예 관심을 두지 않아 그런 행동을 눈치채지 못했다. 이에 여성은 더는 체면 차리지 않고 남자에게 말했다.

"선생님, 이 기차에 처음 타시나요? 잘 모르시는 것 같아 알려드립니다. 이 기차에는 흡연실이 따로 있고 객차 내에서는 금연이에요."

남자는 그녀의 말을 잠시 멍하니 듣고 있다가 이내 웃으며 사과했다. 그러고는 손에 든 담배를 비벼서 끈 뒤 창밖으로 던졌다. 잠시 뒤 제복을 입은 남자 몇 명이 객차로 들어오더니 여성에게 말했다.

"부인, 죄송합니다만 객차를 잘못 타셨습니다. 이 칸은 그랜트 씨 전용 객차입니다. 어서 다른 칸으로 옮기십시오."

세상에, 맞은편에 앉은 남자가 그 유명한 그랜트 장군이라니! 여성은 놀라서 굳어 버렸다. 그러나 그랜트 장군은 그녀를 나무라는 기색 없이 미소를 지으며 부하들에게 말했다.

"괜찮네. 그냥 앉아 계시도록 하게."

여성은 그랜트 장군의 넓은 아량에 감사를 표했고, 이 이야기를 전해 들은 사람들은 그의 미덕을 한입으로 칭송했다. 그랜트 장군은 이렇게 넓은 아량으로 수하의 사병들을 장악했고 그들의 도움으로 수많은 전쟁에서 승리했다. 그리고 이렇듯 모든 이의 존경을 한 몸에 받은 율리시스 그랜트는 마침내 미국의 제18대 대통령으로 당선되었다.

이 이야기에서도 알 수 있듯 타인에게 관용을 베풀면 그 대가로 사랑과 존경이 돌아온다. 아낌없이 관용을 베풀고 남의 과오를 들추지 않는 너그러운 사람이 되면 우리 인생은 이로운 일들로 가득 찰 것이다.

유대교 경전《탈무드》에 이런 구절이 있다.

"아무리 관대한 사람이라도 자신을 악의적으로 비방하고 치명적인 상처를 입히려는 행위를 참고 용서하기는 어렵다. 그러나 오직 원한을 덕으로 갚으며 인내한다면 온기가 충만한 세상을 누릴 수 있을 것이다."

만약 누군가를 미워하는 마음을 품는다면 그로 인해 고통에 시달리게 된다. 그럴 땐 누군가를 미워하는 것이 과연 그럴 만한 가치가 있는 일인지 곰곰이 생각해 봐야 한다. 남이 내게 한 잘못으로 인해 화가 나더라도 일일이 따져 묻기보다는 차라리 용서해 버리자. 타인을 용서하는 것이 곧 자신이 사는 길이기 때문이다.

링컨이 미국 대통령 선거에 출마했을 때 그의 경쟁 후보였던 스탠턴은 대중 앞에서 온갖 악랄한 방법으로 링컨을 모욕하고 비방하며 그의 이미지를 망가뜨렸다. 그럼에도 결국 대통령으로 당선된 사람은 링컨이었다. 선거 과정을 쭉 지켜본 사람들은 모두 스탠턴의 미래가 여기쯤에서 끝날 것으로 예상했다. 하지만 링컨은 오히려 그를 참모총장으로 삼아 내각을 구성했다. 링컨은 스탠턴에게 관용을 베풂으로써 그를 감동시켰고, 이 모습을 본 미국인들은 링컨에게 찬탄을 보냈다.

시인 칼릴 지브란은 "위대한 사람에게는 두 개의 마음이 있다. 하나는 피가 흐르는 마음이고 하나는 관용의 마음이다."라고 했다. 이 말은 곧 관용이야말로 사람이 남과 어울려 세상을 살아가는 데 가장 필요한 덕목 중 하나이며 영혼에 숨을 불어넣는 행위임을 뜻한다. 관용의 마음이 없으면 인간의 영혼은 본모습을 잃는다.

링컨은 인생 최대의 라이벌이었던 스탠턴에게 관용을 베풀어 그를 훌륭한 조력자로 만들었다. 스탠턴은 링컨을 보좌하는 동안 충성을 다함으로써 링컨이 베푼 관용에 보답했다. 스탠턴은 링컨을 도와 남북전쟁을 승리로 이끌었고, 링컨이 암살당했을 때 "가장 위대한 사람이 여기 누워 있습니다."라며 슬퍼했다.

타인을 너그럽게 대하는 것은 곧 그를 이해하고 존중한다는 의미다. 그때 내 영혼은 환하게 빛나고 사람들로부터 애정 어린 시선을 받는다. 관용을 베푼 상대에게서 당장 그에 대한 보답을 받지 못하더라도 실망하지 말자. 링컨의 조력자가 된 스탠턴처럼 언젠가는 상대방도 내 진심을 알게 될 것이다.

(Point)

타인을 용서하는 것이 곧 자신이 사는 길이다.

나를 치유하는

마음의 습관

부정적인 감정은 어느 날 불쑥 우리 머리와

마음속을 비집고 들어온다.

그러고는 미처 눈치채지 못하는 사이에

우리를 완전히 집어삼켜 행복을 앗아간다.

오랜 기간 감정 연구에 매진한 하버드 대학 교수 엘리엄은

"부정적인 감정이 인생에 미치는 영향을

개선하기 위해서는 우선 자신의 감정과

감정 변화의 규칙을 알아야 한다."라고 했다.

나는 무엇 때문에 걱정에 사로잡혀 있는가?

나는 왜 불행한가?

무엇이 나를 부정적인 감정에 빠져들게 하는가?

우리에겐 이렇게 감정과 어떤 관계를 맺을 것인지

진지하게 생각할 시간이 필요하다.

그래야 마음이 홀가분하고 삶이 편안해진다.

행복에 대한 착각

"오래오래 행복하게 사세요!"

우리는 결혼식, 생일파티 등 축하하는 자리에서 이렇게 축원하곤 한다. 얼마나 듣기 좋은 말인가. 이런 말을 들으면 행복이 늘 곁에 있을 것만 같다. 그러나 아쉽게도 영원한 행복은 동화 속에만 존재한다.

결혼식 날 모두의 축하를 받았던 신랑과 신부는 예복을 벗는 순간 치열한 삶의 현장으로 들어선다. 바쁜 회사 생활, 빠듯한 살림으로 얼굴에 미소가 사라질 때쯤 운 좋게 아이가 태어나기도 한다. 아이는 부모에게 세상에서 가장 큰 기쁨을 선물한다. 귀여운 아이의 재롱에 온종일 쌓인 피로가 눈 녹듯 사라진다. 그러나 이 행복 또한 영원하지 않다. 아이가 자랄수록 성적과 진로 문제 등으로 인해 부모의 걱정이 늘어나기 때문이다.

'내가 부자라면 맞벌이를 하지 않아도 되고, 그럼 우리 아이

를 더 잘 키울 수 있을 텐데. 매일 바쁘게 일하다 보니 아이 공부를 봐줄 시간도 없구나.'

'이런 평범한 인생은 지겨워. 연예인처럼 돈과 인기, 명예를 모두 가질 수 있다면 얼마나 좋을까?'

자신의 삶이 행복하지 않기에 우리는 부자나 연예인을 부러워한다. 멋진 집이나 자동차처럼 돈으로 살 수 있는 종류의 행복이라면 부자는 보통 사람보다 행복하다고 할 수 있을 것이다. 그러나 부자의 삶도 자세히 들여다보면 나름대로 고민이 있다. 부자는 평생 자신의 재산을 지킬 궁리를 하느라 근심에서 헤어나오지 못하고, 연예인은 돈과 인기를 얻는 대신 악플에 시달리는 등 정신적인 고통을 겪는 경우가 많다.

이 세상에 영원한 행복과 즐거움을 누리며 사는 사람은 존재하지 않는다. 그렇다면 우리는 행복을 느끼며 살아갈 수 없는 것일까? 물론 아니다. 올해 결혼 8년 차가 된 미아의 이야기를 들어보자.

미아와 남편은 평소 일상의 자질구레한 일들로 인해 자주 다퉜다. 그런데도 미아는 결혼생활이 늘 만족스러웠다. 친구들이 이 점을 신기해하자 미아가 말했다.

"사실 남편과 나는 성격이 정반대야. 싸울 때는 정말 원수 같다니까. 그래도 난 남편을 사랑해. 우리는 서로 맞춰가는 중이고 그 사람은 나를 진심으로 걱정하고 아껴줘. 나를 위해 아침밥을 해주고 내가 야근하는 날은 아무리 피곤해도 데리러 오고. 싸우고 난 뒤라도 그 사람이 날 위해 해준 일들을 떠올리면 기분이 좋고 행복해."

미아는 때때로 남편과 다투지만 행복한 결혼생활을 누리고 있다. 우리가 행복에 대해 착각하는 것은 어떤 다툼이나 걱정이 없어야만 행복하다고 여기는 것이다. 그러나 행복은 등산과 같다. 산을 오르는 동안에는 힘들어서 숨을 헐떡이며 산이 높다, 길이 험하다며 불평하지만 막상 정상에 오르면 아름다운 풍경이 펼쳐진다. 그 순간 행복이 차오르고 몸과 마음이 상쾌해진다.

러시아의 대문호 도스토옙스키는 소설《카라마조프가의 형제들》에 "살다 보면 불행한 일도 많이 겪겠지만, 그로 인해 너는 또 행복해지기도 할 것이다. 그러니 삶을 축복하고 다른 사람들도 그렇게 자신의 삶을 축복할 수 있도록 해주어라."라고 썼다.

행복과 불행은 동전의 양면과도 같아서 둘을 떼어 놓는 것은 불가능하다. 그러므로 오직 행복해지려고 애쓰며 기쁨을 뒤좇을 필요는 없다. 행복과 불행은 그것을 대하는 나의 자세와 시선에 좌우되기 때문이다.

Point

행복과 불행은 그것을 대하는 나의 자세와 시선에 좌우된다.

인생은 가면을 쓴 채로
자신을 연기하는 서커스

하버드 대학 심리학 교수가 수업 중에 이런 질문을 던졌다.

"어떤 성격을 지닌 사람들이 인기와 신뢰를 얻고 대인관계를 원만하게 형성할까요?"

학생들은 저마다 다른 의견을 냈다. 자신감 있고 능동적인 사람, 쾌활하고 열정적인 사람, 진솔한 사람, 남을 존중하는 사람, 차별하지 않는 사람, 정직한 사람, 동정심이 많은 사람, 남을 기꺼이 돕는 사람, 성품이 온화한 사람, 언행에 교양이 넘치는 사람, 언변이 좋은 사람, 품격이 있고 점잖은 사람, 겸손하고 신중한 사람, 유머 감각이 풍부한 사람 등 굉장히 다양한 대답이 나왔다. 교수는 학생들의 대답 하나하나를 모두 칠판에 적었다.

"좋아요. 모두 맞는 말입니다. 그럼 한 가지 질문을 더 해보죠. 여러분이 방금 말한 이상적인 사람이 되려고 노력한다면 과연 성공할 수 있을까요?"

6강 ✳ 나를 치유하는 마음의 습관

사람들은 '완벽한 나'를 설정해 놓고 자신의 성격을 보완하려고 한다. 그러나 진짜 나와는 동떨어진 모습으로 변화하려는 노력은 성공하기 어렵다. 진실하고 자연스러운 모습을 거부하고 이상적인 잣대로 나를 옭아매면 부자연스럽거나 가식적인 모습만 남아, 이후부터는 가면을 쓰고 살아야 한다.

한 유명 배우가 텔레비전 인터뷰에서 배우가 된 이후 처음으로 자신의 속마음을 털어놓았다. 그는 차분한 말투로 배우 생활 은퇴를 선언했다. 당시 배우로서 전성기를 누리고 있었기에 갑작스러운 그의 은퇴 결정에 모두 크게 놀랐다. 하지만 그는 꽤 오랫동안 고민한 끝에 내린 결정이라고 말했다. 기자는 도무지 이해되지 않는다는 얼굴로 물었다.

"농담이면 좋겠군요. 도대체 왜 이런 결정을 내리신 겁니까?"

그는 빙그레 웃으며 대답했다.

"진심입니다. 오늘부터는 가면을 벗고 제 본모습으로 살려고요."

가면을 쓰고 살다 보면 종종 진정한 자아를 잃는다. 가면을 쓰고 사느라 정작 내가 누구인지 잊어버린다. 어느 시인의 말처럼 인생은 적막한 서커스다. 고독하게 자신을 연기하고 가면을 쓴 채로 자신을 속인다. 우리는 삶 속에서 여러 개의 다른 얼굴로 다양한 역할을 연기한다. 직장에선 팀장이지만 퇴근하면 한 가정의 아내나 남편이 되고, 부모님에겐 자식 역할을 한다. 또 가족에겐 다정한 아빠이자 남편, 또는 자식이지만 부하직원들에겐 매몰찬 상사일 수 있다.

밖에선 여러 일들에 치여 우울하다가도 집에 들어오면 웃는 가면을 쓸 수도 있다. 나를 사랑하는 부모님이나 가족들에게 피곤하고 불안한 모습을 보이고 싶지 않기 때문이다. 그래서 항상 웃는 얼굴로 마음속 걱정이나 억울함, 슬픔 등을 말하지 않고 담아두기만 한다.

어느 회사원이 자신의 생활을 이렇게 적었다.

"회사에서의 일과는 언뜻 평온해 보인다. 하지만 평온한 바다 밑에는 세찬 파도가 출렁이고 있다. 이곳에선 눈과 귀가 기민해야 다치지 않는다. 그러므로 가면 뒤에 가려진 사람들의 표정은 무척 조심스럽고 신중할 것이다. 우리는 서로 상처 주지 않기 위해 저마다 가면을 쓰고 생활한다. 이런 삶이 얼마나 고된지. 나에게 남은 것이라곤 가면을 쓴 낯선 몸뚱이뿐이다."

우리는 가면을 쓰고 불가능한 시도를 한다. 늘 완벽해지길 바라고 모든 사람의 요구를 들어주려고 한다. 그래서 매일 숨 돌릴 틈 없이 바쁘고 결코 완수하지 못할 임무를 완수하기 위해 평생 부지런히 노력한다.

사람이 천성대로 살아갈 수 있다면 굳이 머리를 굴리지 않아도 되고, 무의미한 인사치레와 격식에 구속되지 않아도 된다. 눈치 안 보고 마음껏 울어도 되고, 실컷 웃어도 되며, 어떤 순간에도 태연하고 자연스럽게 자신의 진실한 모습으로 살아갈 수 있다. 이것이야말로 행복한 인생이다.

하버드 대학 출신 작가 헨리 데이비드 소로는 월든 호숫가 오두막에 머무르며, 그 어떤 것에도 구속받지 않고 가면을 쓸 필요가 없어 자유로운 자신을 발견했다. 가면을 벗고 살아야 몸도, 마음도 홀가분해지고 진정으로 행복한 삶에 다가갈 수 있다.

"하지만 우리는 소로처럼 월든 호숫가에서 살 수 없어요. 우리가 살아가는 이 사회에선 자신의 천성대로 살기 어렵지 않나요?"

당신은 이렇게 항변할 수도 있다. 맞는 말이다. 그렇더라도 언젠가는 가식의 가면을 벗어 던져야 한다. 나의 부족함, 약점, 문제점을 받아들이고 살아가야 한다. 그것은 나의 일부일 뿐 전부가 아니기에 내가 먼저 자신을 받아들여야만 타인에게도 내 모습을 있는 그대로 보여줄 수 있다.

"아마 나는 가장 빠르지도 않고, 가장 뛰어나거나 힘이 세지도 않고, 가장 선하거나 똑똑하지도 않을 것이다. 그러나 한 가지, 내가 다른 사람보다 잘하는 일이 있다. 그건 바로 나 자신이 되는 것이다."

이는 영국의 유명한 시 〈너 자신이 돼라〉의 일부다. 가면 뒤에 숨기보다는 자기 자신을 있는 그대로 받아들이는 용기 있는 사람이 되자. 미국의 심리학자 칼 로저스는 모순되게도 있는 그대로의 나를 수용할 때 내가 변화할 수 있다고 말했다.

(Point)

자기 자신을 있는 그대로 받아들이는 용기 있는 사람이 되자.

인생이란 원래 '여의찮은' 것이다

인생을 살다 보면 자식이 애를 먹이고, 연인이 이유 없이 떠나고, 사업이 안 풀리는 등 내 뜻대로 되지 않는 일이 부지기수다. 또한 뜻밖의 불운한 사고를 경험하기도 한다. 사고가 트라우마로 작용하면 사람은 어떻게든 그 상황을 피하려고 한다. 테니스 스타였던 한 영국 여성이 그런 경우다.

이 여성은 어릴 때 어머니가 치과 치료를 받다가 진료 의자에 앉은 채 심장마비로 죽는 사고를 겪었다. 이 사건 이후 그녀의 마음은 어둠으로 뒤덮였다. 그리고 치과의사만 보면 두려움에 떨게 되었다. 테니스 선수로 승승장구한 뒤에도 그녀는 치과에 가지 못했다. 어느 날 이가 아파 고통스러워하는 그녀에게 가족들은 집에 치과 의사가 왕진을 오도록 하자고 설득했다. 오랜 고민 끝에 그녀는 왕진을 수락했다. 마침내 의사가 집으로 왔고 그녀는 자신의 소파에 몸을 뉘었다. 그때 어머니가 치과 치료 중 진료 의자에 앉은 채 죽었던 트라우마가 다시 되살아났다. 그 공포가 얼마나 심했던지 그녀는 의사가 치료 기구를 꺼내 정리하는 사이에 숨이 멎고 말았다. 마음의 준비가 되지 않은 상태로 과거의 그림자와 마주하려다 돌연 생을 마감한 것이다. 당시 런던 신문들은 이 사건에 대해 "40년간 이 테니스 스타의 머릿속을 지배해 온 생각이 그녀를 죽였다."라고 논평했다.

충격적인 이야기다. 만약 그녀가 자신의 두려움과 차근차근 마주할 준비를 했더라면 죽음에까지 이르지는 않았을 것이다. 이렇게 극단적인 사건은 아니더라도 우리는 살면서 자신이 두려워하는 많은 것들로부터 도망친다.

사랑하다 상처 입은 사람은 수년간 다른 사람을 만날 생각을 하지 못한다. 그들은 연애라는 말만 들어도 움츠러들어 좋은 인연을 놓쳐 버린다. 직장에서 일하다 큰 실수를 하거나 실패를 경험한 사람은 또다시 그런 일을 겪을까 봐 한동안은 업무상 큰 진전을 이루지 못한다. 그 밖에 다른 일들로 난관에 부딪혀본 사람은 예민해지고 매사에 행동을 조심하느라 좋은 기회가 찾아와도 눈앞에서 놓치곤 한다.

이렇게 도망치는 행동의 또 다른 형태는 자살이다. 사람은 감당하기 어려운 상황이 닥치면 일단 피하려고 한다. 하지만 인생에는 내 뜻대로 되지 않는 일들이 산처럼 버티고 있고, 우리는 결국 그 산을 넘어가야 한다. 담대하게 마음먹으면 의외의 지름길을 발견할 수도 있고 다른 사람의 도움을 받을 수도 있다. 그런데 산에 오르기를 겁내 돌아가려고 하면 쓸데없이면 길을 걸어야 하거나 좋은 기회와 경험들을 놓칠 수 있다. 인도의 시인 타고르도 이런 말을 남겼다.

"달이 사라졌다고 눈물지으면 별도 사라진다."

평범한 대학을 졸업한 저스틴은 지난 2년 동안 채용박람회에 참가했는데 번번이 취업에 실패했다. 수많은 곳에 이력서를 제출했지만 경험이나 전문 기술이 부족하다는 이유로 번번이 퇴짜를 맞았다. 심지어 그의 왜소한 몸집을 트집 잡아 떨어뜨린 회사도 있었다. 계속되는 실패에 저스틴은 점점 희망을 잃었다. 그러나 한숨만 쉰다고 해결되는 일은 없었다. 이대로 취업을 포기할 순 없다는 생각에 저스틴은 다시 마음을 다잡았다. 회사들의 정보를 수집한 뒤 자신에게 가장 잘 맞는 곳을 선택해 이력서를 보냈다. 그리고 면접 제의가 올 동안 전문 기술 훈련에 참가해 부지런히 훈련했다. 마침내 두 달 뒤 저스틴은 당당하게 취업에 성공했다.

최근 많은 구직자가 저스틴과 비슷한 상황에 처해 있을 것이다. 취업난이 점점 더 심각해지면서 젊은 구직자들의 자신감도 빠른 속도로 사라지고 있다. 응시한 회사들에서 수차례 퇴짜를 맞은 뒤엔 난관을 극복할 방법을 찾기보다는 실의에 빠져 지내기 일쑤다. 아예 '캥거루족'이 되어 부모님에게 얹혀 살고 아르바이트만 하며 취업을 포기하는 젊은이가 많다. 하지만 우리 앞의 산을 넘어가는 유일한 방법은 정면으로 부딪히는 것뿐이다. 그 외엔 다른 방법이 없다.

'여의찮다'는 말을 들어본 적이 있는가? 일이 마음먹은 대로 되지 않는다는 뜻의 형용사다. 정말 인생은 여의찮은 일들로 가득 차 있다. 웃으며 받아들일 수도 없고 밀어낼 수도 없는 일 투성이다. 하지만 이 여의찮은 일들이야말로 우리 삶 속에 흐르는 가장 자연스러운 선율이기도 하다.

밀어낼 수 없다면 마주하는 법을 배우자. 그 방법은 아주 단순하다. 매일매일을 새로 시작하는 날로 삼는 것이다. 아침에 눈을 뜨면 스스로에게 "오늘은 새로운 날이야. 어제 어떤 어려움이 있었더라도, 오늘 나는 완전히 새로운 모습으로 하루를 맞이할 거야."라고 말해 보자.

우리는 슬픔과 기쁨, 이별, 만남을 경험하고 모든 감정과 욕망을 경험하기 위해 살아간다. 또 자신의 이상과 목표, 인생 가치를 실현하기 위해 살아간다. 그 과정에서 갖가지 여의찮은 일들로 인해 불안함과 막막함을 느낀다. 하지만 이 모든 것은 산을 오를 때 겪게 되는 과정으로, 중요한 점은 그것들을 대하는 나의 태도다. 이 태도에 따라 결국 정상에 도달할 수도 있고 영원히 제자리에 머무를 수도 있다. 내 뜻대로 되지 않는 여러 가지 일들로 속 끓이지 않는 유일한 방법은 용감하게 마주하고 도전하는 것이다. 지금 포기하지 않으면 결국 산 정상에 오를 수 있다는 사실을 기억해야 한다. 산 정상에는 당신의 모든 피로와 슬픔을 녹여줄 아름다운 풍경이 존재한다.

(Point)

밀어낼 수 없다면 마주하는 법을 배우자.

역경은 역경을 극복하는 가운데 겪는다

한 농부가 건기가 되자 집 앞에 우물을 파기로 했다. 열심히 땅을 파서 지하로 몇 미터나 내려갔지만 물기가 전혀 보이지 않았다. 하는 수 없이 다른 곳을 파보기로 했다. 이번에도 고생스럽게 땅을 팠지만 여전히 물 한 방울도 나오지 않았다. 다른 위치에서 한 번 더 도전했지만 결과는 역시 마찬가지였다. 농부는 크게 실망했다. 그는 쉴 없이 떨어지는 땀방울을 닦아 내며 속으로 화를 삭이다가 우물 파는 것을 포기하기로 결정했다. 농부가 곡괭이와 삽 등 도구들을 정리하는데, 하루 종일 그가 일하는 모습을 지켜보던 이웃이 다가와 말했다.

"깊은 구덩이를 세 군데나 팠는데 여기서 포기하면 아깝지 않소? 물이 나올 때까지 조금만 더 파봅시다."

"그러고 싶지만 더는 어쩔 수가 없습니다. 온종일 땅을 파느라 힘을 다 써서 이제 삽을 들 기운도 없거든요."

이웃은 농부의 말을 듣더니 직접 구덩이 안으로 들어갔다.

그러고는 가느다란 쇠파이프로 바닥을 탐색하며 흙을 더 파냈다. 그런데 1미터도 채 파지 않았을 때 지하수가 위로 솟구쳐 올랐다. 이웃이 나머지 두 구덩이에도 들어가 똑같이 해보았더니 금방 물이 나왔다. 농부는 놀라서 어안이 벙벙했다. 이미 지하수가 있는 근처까지 파내려간 상태였던 것이다. 이웃의 도움이 없었더라면 이 모든 수고가 물거품이 될 뻔했지 뭔가.

많은 사람이 우물을 파던 농부처럼 성공을 목전에 두고 자신감과 인내심을 잃는다. 하지만 곤경에 빠졌을 때는 이를 극복할 방법이 있을 거라고 믿어야 한다. 당장 방법을 찾기가 쉽지 않더라도 아예 없다고 여겨선 안 된다. 문제를 해결할 수 있다는 믿음이 있어야 효과적인 해결 방법을 찾을 수 있다.

인생에서 넘지 못할 고개는 없다. 열쇠는 시간과 인내심이다. 대부분의 사람은 인내심이 부족해서 당장 문제를 해결하지 못하면 자신감을 잃는다. 자신에게 눈앞에 닥친 삶의 위기를 이겨낼 능력이 없다고 여기기 때문이다. 하지만 어떤 역경도 시간 앞에서는 무릎을 꿇는다. 철학자들은 "시간은 인간을 더 이성적이고 지혜롭게 만들어 준다."라고 했다. 당장 해결책이 떠오르지 않더라도 시간을 들여 노력하면 반드시 좋은 해결책이 나타날 것이다.

역경을 만났을 때 자신이 어떤 태도를 보이는지 생각해 보자. 역경 앞에 쉽게 굴복하는가? 인내심과 자신감을 잃고 포기하는가? 저절로 해결될 날만 기다리는가? 한 가지 확실한 건 어려움 앞에서 계속 허무하게 무너지면 자신의 인생을 굳건히 살아가기 어렵다는 것이다.

인생을 살아가려면 고집과 끈기가 있어야 한다. 그렇지 않고서는 자신에게 어떤 잠재력이 있는지 알 수 없고, 인내심이 어느 정도인지도 알지 못한다. 마음을 강하게 먹고 어려움을 버텨낸다면, 자신이 본인의 생각보다 훨씬 강하고 부지런하고 잠재력이 있는 사람이라는 걸 깨닫게 될 것이다. 어려움을 견디며 자신의 잠재력을 일깨우다 보면 가장 효과적인 해결책을 스스로 찾아낼 수 있다. 이렇듯 역경이 닥쳤을 때는 마음가짐이 가장 중요하다. 불평과 원망은 오히려 상황을 더 악화시키고, 차분하고 이성적으로 해결책을 찾는 데 방해가 된다.

영국의 유명한 정치 개혁가 새뮤얼 스마일스는 "역경은 역경을 극복하는 가운데 겪는다."라고 했다. 다시 말해 당신이 역경을 겪는다는 건 문제를 피해 도망가지 않고 해결하기 위해 노력하고 있다는 증거다. 사실 역경은 직접 부딪혀 보면 우리가 상상하는 것처럼 두렵지 않다. 우리가 가장 두려워해야 할 건 어려움을 피해 도망치려는 마음, 노력하길 멈추고 포기하려는 마음이다. 지금껏 열심히 우물을 팠으니 물이 솟구칠 때까지 조금만 더 힘내자는 마음으로 만사를 대하면 삶의 수많은 어려움을 훨씬 수월하게 극복할 수 있다.

Point

어떤 역경도 시간 앞에서는 무릎을 꿇는다.

6강 ✳ 나를 치유하는 마음의 습관

명예란 장난감과 같은 것

퀴리 부인은 남다른 업적을 이룬 걸출한 과학자다. 그녀는 여성 최초 노벨상 수상자란 타이틀을 가지고 있으며 그것도 두 번이나 수상했다. 그 밖에도 수많은 상을 받았고 107개의 명예 직함을 얻었다. 하지만 그녀는 자신의 업적에 들뜨지 않고 늘 담담했다.

하루는 한 지인이 퀴리 부인의 집에 방문했다. 때마침 그녀의 어린 딸이 얼마 전 그녀가 영국왕립학회에서 받은 금메달을 가지고 놀고 있었다. 이 모습을 본 지인이 놀라며 물었다.

"부인, 영국왕립학회에서 받은 메달이면 대단히 영예로운 물건인데 왜 아이가 가지고 놀게 두시나요?"

그러자 퀴리 부인이 웃으며 대답했다.

"명예란 장난감과 같아요. 저는 아이에게 명예를 영원히 지킬 수는 없다고 가르치고 있어요. 그것에 연연하면 아무것도 되는 일이 없거든요."

1910년 프랑스 정부는 퀴리 부인에게 존경의 뜻으로 최고 권위의 훈장인 레지옹 도뇌르를 수여하려고 했으나 그녀는 이를 거절했다. 퀴리 부인은 이처럼 명예 앞에서 흔들림이 없었다. 아인슈타인은 이런 퀴리 부인을 "모든 유명 인물 중에서 명예에 부식되지 않은 단 한 사람이다."라고 평가했다.

　퀴리 부인처럼 남의 평가에 얽매이지 않는다면 자기 소신대로 살 수 있다. 그러면 칭찬을 받아도 지나치게 기뻐하지 않고, 이어서 내 평판이나 명예가 추락할까 봐 걱정하지 않으며, 더 높이 오르기 위해 전전긍긍하지 않게 된다.

　이렇게 일희일비하지 않기란 말은 쉽지만 실천하기는 어렵다. 이런 삶의 자세는 평소 어떤 마음가짐으로 사는가에 달려 있다. 그렇다면 일희일비하지 않는 마음가짐이란 무엇일까? 바로 나의 현재 능력과 가치를 알고, 지나치게 욕심을 부리거나 이해득실에 연연하지 않는 것이다. 또한 내가 갈 길을 명확히 알고 성패에 지나치게 집착하지 않으며 남의 시선을 지나치게 의식하지 않는 것이다.

　우리는 변화하는 상황에 적응하는 법을 배워야 한다. 나쁜 일이 되레 좋은 일로 승화될 수도 있으니 일희일비하는 것은 무의미하다. 일시적인 득과 실에 초연해지려면 다음과 같이 차분하고 여유로운 마음이 필요하다.

성공과 실패에 연연하지 않는다

　사람은 누구나 성공할 때와 실패할 때가 있다. 그러니 성공했을 때 교만해지는 것을 경계해야 한다. 훌륭한 처세란 어떤 상황에서도 흔들림 없이 담담하게 대처하는 것이다. 성과가 있다면 먼저 주변 사람들에게 감사하자. 그리고 성과를 공유하고 겸손하게 행동해야 한다. 만약 자기 능력을 뽐내고 모든 공을 본인에게 돌린다면 언젠가 홀로 실패의 쓴 열매를 삼켜야 할 것이다.

언행을 조심한다

서까래가 밖으로 드러나면 자연스럽게 썩어 들어가듯 자기 능력을 너무 떠벌리면 미운털이 박힌다. 너무 으스대고 과시하면 아무리 뛰어난 인재라도 큰코다칠 수 있다. 그러니 당장의 성공에 기고만장해져 활개 치고 다니지 말자. 차라리 겸손하게 언행을 조심하는 것이 다른 이들의 과녁이 되지 않는 현명한 태도다.

겸손한 태도를 지닌다

칭찬이나 축하를 받을 때는 항상 겸손하고 예의 바른 태도를 갖추자. 사촌이 땅을 사면 배가 아프다고 했다. 이럴 때 점잖고 예의 바른 태도로 대하면 상대방의 질투심도 누그러진다. 그리고 만약 주변 사람에게 좋은 일이 생겼다면 진심으로 축하해 주자.

현실적인 목표를 설정한다

사람은 꿈을 가져야 성공할 수 있다. 그러나 그 꿈이 너무 크면 오히려 수렁에 빠지게 된다. 자신도 모르게 이해득실에 몸을 던져 작은 성공에 우쭐하고 실패 앞에 낙담하기 때문이다. 이는 꿈의 실현에 도리어 방해가 되므로 차라리 내 현재 그릇에 맞는 현실적인 목표를 설정하는 편이 낫다. 그러면 마음이 편해지고 작은 성공이 쌓여 나도 모르는 사이에 목표를 성취하게 될 것이다.

(Point)

훌륭한 처세란 어떤 상황에서도 흔들림 없이
담담하게 대처하는 것이다.

6강 ✳ 나를 치유하는 마음의 습관

손해를 어떤 시각에서 바라볼 것인가?

요즘 사람들은 손해 보는 것에 특히 민감하다. 그래서 부당한 대우를 당하거나 돈과 시간이 낭비되는 것을 극도로 피한다. 경쟁할 때는 이익 다툼이 불가피하다. 하지만 일시적으로 손해를 본다는 것은 힘을 잃고 경쟁에서 밀리는 게 아니라 작전상 후퇴하는 것이라고 할 수 있다. 경쟁이 장기화될 경우 손해를 조금도 보지 않으려고 하다가는 오히려 더 큰 손실을 감당해야 할 수도 있다.

예수는 제자들에게 "악인에게 맞서지 마라. 오히려 누가 네 오른뺨을 치거든 왼뺨마저 내주어라."라고 가르쳤다. 멀리 내다봤을 때 잠깐의 손해와 굴욕, 무시를 감내하는 것은 자신을 보호하는 매우 효과적인 방법에 속한다. 왜 그럴까? 잠시 손해를 보는 것은 포용의 한 방법이기 때문이다. 만약 당신이 다른 사람의 무례한 행동을 동요 없이 받아들이면 그 사람은 아마 당신의 대범함에 놀라 스스로 부끄러워질 것이다. 그러면 두 사람 사이에 존재하던 미움과 갈등도 해소될 것이다. 또 약간의 손해를 감수하는 것이 갈등을 완화하고 상대방의 존중을 얻는 방법이 될 수도 있다.

직장 생활을 하다 보면 '소인배'처럼 다른 이의 말꼬투리를 잡고 끌어내리려는 이들이 있다. 시원하고 꿍꿍이 없는 성격의 몰리도 그런 이들에게 괴롭힘을 당했다. 몰리와 같이 일하는 파트너는 그녀를 만만하게 여겨 궂은일을 모조리 떠넘겼다. 파트너는 사장이 볼 때만 열심히 일하는 척했다. 그러나 몰리는 파트너의 도발에 아랑곳하지 않고 오히려 더욱 일에 몰두해 실력을 쌓았다. 하루는 팀장이 갑자기 전 직원을 대상으로 업무 능력을 테스트했다. 평소 부지런히 노력했던 몰리는 테스트에서 당연히 두각을 나타냈다. 그러나 약삭빠른 재주만 부리던 파트너는 점수가 거의 바닥이었다.

몰리의 파트너와 같은 많은 소인배가 툭하면 남을 걸고넘어진다. 하지만 이런 사람은 무엇을 하든 노력하는 이들의 적수가 되지 못한다. 생각해 보자. 대부분의 시간을 주변 사람을 간섭하는 데 쓰는 사람에게 자기 일에서 경험과 실력을 쌓는 데 쓸 에너지가 남아 있을까?

자신에게 주어진 일에 몰두하면 설령 소인배가 가끔 제 실속만 챙기더라도 손해 볼 일은 없다. 거꾸로 적당한 때에 소인배의 힘을 빌리고, 오히려 그의 빈틈을 파고들어가 내가 이익을 보는 일이 생긴다.

에밀리는 회사에서 영업 업무를 담당하고 있다. 그녀는 착실하고 적극적인 성격에 말솜씨도 좋아서 입사한 지 1년이 채 되지 않았는데도 고위 임원들의 주목을 받았다. 하지만 이는 소인배들의 미움을 불러왔다.

월등한 실적을 쌓아 높은 상여금을 받은 뒤 에밀리는 연달아 불운에 휘말렸다. 우선 고객을 위해 준비했던 중요한 자료들이 온데간데없이 사라졌다. 이어서 회사 컴퓨터에 저장해 두었던 중요한 문서들이 누군가에 의해 몰래 수정되는 일이 여러 차례 일어났다. 이보다 더 화나는 일은 언제부터인지 모르게 회사 내에 그녀와 사장의 스캔들이 퍼지기 시작한 것이다. 이 일로 그녀는 남자친구의 의심을 샀고 결국 서서히 멀어졌다.

에밀리의 마음에는 먹구름이 짙게 드리웠다. 하지만 그녀는 눈물을 훔치며 모든 억울함을 삼킨 채 다시 일에 몰두했다. 에밀리는 다시 자료들이 도둑맞을 것에 대비하여 문서의 경우 백업 파일을 만들어 여러 곳에 나눠 보관했다. 사장과의 스캔들 문제는 순리에 맡겼다. 어차피 에밀리도, 사장도 싱글이었기에 변명해 봤자 믿지 않을 것이 뻔했다. 그러자 재미있게도 뜬소문에 불과했던 두 사람의 관계가 진짜 연인으로 발전했다. 이후 소인배들의 괴롭힘도 사라졌다.

몰리와 에밀리는 <u>자신을 괴롭히는 이들에게 대응하기보다는 적당히 손해를 봄으로써 오히려 복을 불러들였다.</u> **부당한** 일이 일어나 손해를 보더라도 기꺼이 받아들이고 상대를 포용한 덕분이다. 이런 사람들은 도량이 크고 넓어서 쩨쩨하게 구는 사람들보다 성공할 가능성이 더 크다.

하버드 대학에서는 매년 학부모에게 "'손해를 보면 오히려 복이 찾아오고, 내 이익과 편의만 취하면 화가 찾아온다'는 이치를 자녀에게 가르쳐 주십시오."라는 내용이 담긴 편지를 보낸다고 한다. 이처럼 '손해를 어떤 시각에서 바라볼 것인가?'는 우리가 인생을 살면서 배워야 할 필수과목 중 하나다. 손해는 일시적인 손실을 통해 우리에게 많은 가르침과 이익을 가져다준다. 우리는 손해를 입은 경험에서 인내와 포용을 배우고, 너그럽고 대범한 내면을 가꿀 수 있다.

Point

손해를 보면 오히려 복이 찾아오고,

내 이익과 편의만 취하면 화가 찾아온다.

그럼에도 불구하고 삶은 계속되어야 한다

'환득환실(患得患失)'이 무엇일까? 얻기 전엔 얻을 것을 근심하고, 얻은 후엔 잃을까 봐 근심하는 것을 이르는 말이다. 이런 자세는 정신적 족쇄와 같아서 평생 그 사람을 괴롭힌다. 우리 주변만 봐도 매 순간 걱정에 시달리는 사람들이 많다. 혹시라도 일이 틀어질까 봐, 내가 손해 볼까 봐 의심하고 불안해하느라 잠시도 마음 편할 날이 없다.

살다 보면 우리는 마음과 다르게 많은 것들을 잃는다. 정리해고나 그 밖에 이유들로 직장을 잃으면 한동안 심한 절망감에 다른 일을 찾지 못한다. 연인과 이별하면 인생의 즐거움을 잃고 공허함에 빠진다. 아끼는 물건을 잃어버리면 한동안 마음이 허전하다. 이렇게 무언가를 잃으면 고통에 빠지며 삶의 모습도 이전과 달라진다.

어느 마을에 신비로운 샘이 있었다. 마을 사람들은 이 샘에서 나오는 물이 각종 질병을 낫게 한다고 믿고 이 물을 성수로 여겼다. 하지만 오래전부터 전해 오는 이야기일 뿐 이 물에 정말 효험이 있는지는 알 수 없었다.

어느 날, 한 퇴역 군인이 전쟁 중에 한쪽 다리를 잃고 고향으로 돌아가다가 그 샘에 들렀다. 마침 근처에서 일하던 마을 주민이 그를 가엾게 여겨 물었다.

"거참 안됐구려. 이 샘의 소문을 듣고 찾아왔나 보군. 새로운 다리를 만들어 달라고 기도하던 중이오?"

그러자 군인은 고개를 저으며 대답했다.

"아닙니다. 이미 저에게 일어난 일을 어떻게 바꿀 수 있겠습니까. 다만, 남은 한쪽 다리로 어떻게 살아가면 좋을지 알려 주십사 기도하려고 합니다."

이 퇴역 군인의 말처럼 아무리 불행한 일과 힘들고 어려운 일을 겪었더라도 삶은 계속되어야 한다. 시간이 흐르면 그 일은 나를 스쳐간 많은 일 중 하나가 될 뿐이기 때문이다. 우리는 다시 삶을 향해 나아가야 한다. 퇴역 군인은 이러한 사실을 잘 알고 있었다. 그러니 지나간 불행으로 인해 너무 오래 슬퍼하지 말자. 잃어버린 것에 연연하거나 슬픔을 확대 해석할 필요도 없다. 잃어버린 것, 나를 떠난 것 그리고 사라진 것들은 가만히 떠나보내야 한다. 과거에 집착하지 말고 오늘을 소중히 여기며 행복을 느껴야 한다. 이미 일어난 일은 돌이킬 수 없으며, 그것에 시간과 에너지를 낭비하는 것은 헛수고다.

불가(佛家)에서 말하는 '여덟 가지 바람이 불어도 흔들리지 않는[八風吹不動]' 경지, 병가(兵家)에서 말하는 '태산이 앞에

203

6강 ✕ 나를 치유하는 마음의 습관

서 무너져도 안색이 변하지 않는[泰山崩於前而色不變]' 경지에 올라야 자신의 능력을 최대한 발휘할 수 있다. 한국의 바둑 천재 이창호가 바로 그런 예다. 그는 아무리 어려운 대국을 앞두어도 항상 평상심을 유지했다. 그 어떤 일도 그의 마음을 어지럽힐 수 없는 것처럼 보여 '돌부처'로 불릴 정도였다. 이창호는 그렇게 한곳에만 마음을 쏟았기에 세계 바둑계의 일인자가 될 수 있었다.

환득환실로 고통받지 않으려면 무엇보다 평상심을 길러야 한다. 정신적 족쇄를 깨뜨리면 우리는 우울한 감정에서 벗어나 건강한 마음을 유지할 수 있다. 아침에 떠오른 태양이 아무리 아름다워도 저녁에는 반드시 저문다. 또한 날씨가 궂고 비가 쏟아지는 장마철에도 며칠 뒤엔 하늘이 쾌청해지며 밝은 태양이 얼굴을 드러낸다. 우리 삶도 이와 다를 바가 없다.

Point

지나간 불행으로 인해 너무 오래 슬퍼하지 말자.

가끔은 달팽이와 산책을 나가자

현대 사회를 살아가는 우리는 급행열차를 탄 듯 속도감 있는 삶을 산다. 자고 일어나면 새로운 기술이 개발되고 유행이 바뀐다. 사람들은 빠른 걸음으로 오가며 '바쁘다'는 말을 입버릇처럼 달고 산다.

우리 모두는 각자 인생을 살며 목표를 이루기 위해 고군분투한다. 직장에서 혹은 내 사업체를 운영하며 눈코 뜰 새 없이 바쁘게 일하고, 내 아이와 가족을 위해 많은 일을 한다. 그러면서도 내가 갖지 못한 것과 이루지 못한 것을 바라보며 깊은 한숨을 내쉰다.

어린 시절의 순수한 마음은 숨 돌릴 틈 없이 바삐 돌아가는 일상 속에서 어느덧 흔적도 없이 사라져 버렸다. 이렇게 마음이 불안함과 초조함으로 가득 찼다면 잠시 마음의 속도를 늦추는 편이 좋다.

매일 바쁜 생활로 심신이 지칠 대로 지친 한 젊은이가 하느님께 물었다.

"저는 너무 지쳤어요. 왜 이렇게 힘들게 살아야 할까요?"

하느님이 다정하게 대답했다.

"달팽이와 함께 산책을 나가라."

모두가 알다시피 달팽이는 굉장히 느리게 움직인다. 달팽이와 산책을 나온 젊은이는 답답한 마음에 계속 재촉했다. 그러나 달팽이는 이미 최선을 다하고 있었다. 젊은이는 달팽이를 끌어당기기도 하고 뒤에서 밀기도 했다. 그러다 화가 나서 발로 차버렸고 달팽이의 움직임은 더 느려졌다. 마지막에는 아예 바닥에 찰싹 붙어서 움직이지 않았다. 젊은이도 그냥 바닥에 주저앉아 버렸다.

'하느님은 도대체 왜 나더러 달팽이와 산책하라고 했을까?'

의문이 생겼지만 답을 찾을 수 없었다.

어느 날, 젊은이는 삶에 지쳐 또다시 하느님을 찾아갔다. 하느님에게 도움을 청하니 이번에도 달팽이와 산책을 가라고 했다. '또?' 하는 의문이 들었지만 잠자코 달팽이와 산책을 나갔다. 이번에는 달팽이를 재촉하지도, 다그치지도 않고 천천히 뒤를 따랐다. 그러자 달팽이는 제 속도대로 천천히 움직였다.

어디선가 향긋한 꽃향기가 젊은이의 코를 찔렀다. 달팽이가 그를 데려간 곳은 화원이었다. 이어서 새가 지저귀는 소리와 벌레가 우는 소리도 들렸다. 따스한 미풍도 불어왔고 하늘에 총총한 별들도 보였다. 잠시 자연에 취해 있던 그는 무심코 앞을 보다가 깜짝 놀랐다. 달팽이가 벌써 저만치 앞서가 있는 게 아닌가! 젊은이는 뛰어갔고 달팽이는 여유롭게 그를 맞이했다. 젊은이는 그제야 불현듯 깨달았다.

'달팽이와 함께 산책하라는 하느님의 말씀은 나더러 달팽이를 이끌고 가라는 게 아니었구나. 달팽이의 뒤를 따라 산책하라는 뜻이었어!'

삶이 녹록지 않은가? 그럴 땐 젊은이처럼 달팽이의 뒤를 따라 산책하듯 발걸음을 늦춰 보자. 인생의 풍경을 감상할 시간을 가져야 여유로움과 평화를 되찾을 수 있다. 또한 스트레스와 불안감도 크게 줄어든다.

인생은 긴 여행과 같다. 걷다가 힘들면 걸음을 조금 늦춰도 괜찮다. 쉬고 힐링하며 다시 나아가면 된다. 지혜로운 사람은 바쁠수록 쉬어 간다. 우리 모두 인생에서 자신만의 목표를 추구하며 살아간다. 목표를 이루는 것도 중요하지만 그것을 추구하는 삶 자체가 의미 있고, 삶의 기쁨은 그 과정 속에 있음을 기억해야 한다. 그렇다면 지금 우리는 무엇을 해야 할까? 우선 우리를 재촉하는 외부 소리로부터 잠시 눈과 귀를 닫자. 그리고 나에게 가장 편안한 속도로 천천히 걸어보자. 오직 나만을 위한 힐링과 사색의 시간을 마치고 돌아오면 삶에 대한 의지와 열정이 다시 차오르는 것을 느낄 것이다.

(Point)

걷다가 힘들면 걸음을 조금 늦춰도 괜찮다.

6강 ✳ 나를 치유하는 마음의 습관

묵은 생각에서 벗어나

행복 찾기

사람은 과거의 잘못에 골몰하며

거기서 헤어나지 못하기 때문에 고통을 느낀다.

지난 일을 흘려보내야

인생의 새로운 페이지를 펼칠 수 있고,

낡은 것을 버려야

새로운 미래를 맞이할 수 있다.

그러므로 바꿀 수 있는 것은 바꾸고,

바꿀 수 없는 것은 내려놓자.

이는 모든 사람이 지녀야 할 인생의 지혜다.

생각으로 운명을 결정지을 수는 없지만 기분은 바꿀 수 있다.

그리고 달라진 기분이 다시 나의 운명을 바꿀 수 있다.

생각이 변하면 인생이 변한다.

화를 잘 내고 운이 없고 소심한
나와 공존하기

하버드 대학의 심리학자 댈러스는 다양한 사연을 가진 사람들을 상담했다. 그는 내담자들이 주로 다음과 같은 사연으로 찾아온다고 말했다.

"전 어려서부터 지금까지 어떤 집단에서든 항상 리더 역할을 맡았습니다. 그런데 아무래도 제게 리더십이 부족한 것 같아요. 패기도 없고 다른 사람에 비해 호소력도 부족하고요."

"전 아무래도 인생의 실패자인 듯합니다. 여태껏 한 번도 승진 기회를 잡지 못했거든요. 능력을 보여줘야 할 때 꼭 실수를 해요."

"전 성격이 내성적이라 학창 시절부터 친구가 별로 없었어요. 회사에서도 사장님을 만나면 매번 어떻게 인사해야 할지 모르겠고, 동료들이 많이 모인 자리에선 긴장해서 말을 못 하겠어요."

댈러스는 사람들의 사연은 다양하지만 한 마디로 종합하자면 "나에게 문제가 있어요."라고 말한다고 전했다. 댈러스가 그들과 몇 차례 상담하면서 문제가 없음을 알려주고 치료를 그만하자고 하면 대부분 거부하고, 일부는 "왜 치료를 그만둬야 하죠?"라고 따진다. 그럼 댈러스는 이렇게 이유를 설명한다.

"본인에게 문제가 있다는 생각을 그만 내려놓으세요. 때로는 치료를 포기하는 게 치료방법일 때도 많습니다."

심리학계에는 "모든 신경증의 본질은 의심증이다."라는 말이 있다. 완벽주의자는 대개 목표가 높은 동시에 '나에게 문제가 있다'고 생각하며 자신의 허물에 지나치게 집착하는 경향이 있다. 완벽주의자들에게 심리 상담이나 치료는 살면서 불만을 느낄 때 문제를 해결할 수 있는 창구가 된다. 그래서 상담을 받으러 오고 자신을 바꾸기 위해 온갖 방법을 강구한다.

혹시 당신도 '나에게 문제가 있다'는 생각을 자주 하는가? 그렇다면 댈러스의 내담자들처럼 자신의 문제로 괴로워하며 열등감을 느낄 것이다. 우리는 모두 완벽하지 않은데도 유독 자신에게만 유독 가혹한 잣대를 들이대며 평가하여 자신을 실패자로 여길 수도 있다. 그런 생각을 하고 있는 걸 자기만 모를 뿐이다.

이런 심리적 시련을 겪는 이유는 자신의 부족함을 받아들이기를 거부하는 데 있다. 거부감은 문제를 더 심화한다. 상황은 보통 '자신에게 문제가 있음을 의심 → 상담 요청 → 자신의 문제점이 증명되거나 확대됨 → 문제가 더욱 심각해짐'의 순서로 진행된다. 이러한 사이클에서 탈피하려면 내 문제를 있는 그대로 받아들이는 것이 필요하다.

우리는 고통스러운 현재와 불만스러운 내 모습을 본능적으로 거부한다. 그러나 거부는 압박하면 그 반동으로 다시 튀어오르는 스프링과 같다. 즉, 문제의 해결책이 될 수 없다. 만약 거부하지 않고 사실 그대로 받아들인다면 어떨까?

'나는 지지리도 운이 없다.'

'나는 승진에 또 실패했다.'

'나는 다른 사람들과 어울리기 어렵다.'

이런 사실들을 있는 그대로 받아들이면 오히려 마음이 편안해진다. 거부는 나의 삶을 고통 속으로 밀어 넣는다. 어떤 일을 해결하려면 우선 있는 그대로 모습을 받아들인 뒤에 고쳐나가야 한다. 따라서 자신의 약점이나 과도한 욕망을 인정하고 받아들이는 것이 고통과 이별하는 첫 번째 단계다.

심리와 감정에 관한 문제 중 대다수는 자신을 인정하고 받아들이지 못하는 데서 비롯된다. 가끔 우리는 자신이 바라는 '완벽하고 이상적인 모습의 나'가 될 수 있다고 기대한다. 이런 기대는 언뜻 아무 문제도 없어 보이지만 다양한 심리적 문제를 유발한다.

완벽한 사람은 없다. 누구나 좋은 면이 있으면 부족한 면도 있다. 그러니 자신의 부족한 부분이나 마음에 들지 않는 부분을 지우려고 애쓰지 않아도 된다. 만약 화를 잘 내는 자신이 마음에 들지 않는가? 그렇다면 화가 날 때 심호흡하며 시간을 끈 뒤 말하거나 감정을 다스리는 방법 등을 배우면 된다. 물론 자신의 성격이나 습관을 당장 완벽하게 고칠 순 없다. 그럴 땐 차라리 자신을 '화를 잘 내는 사람'으로 인정하자. 나를 거부하지 않고 받아들이면 오히려 내가 결점이라고 생각했던 것에 영향받지 않는다. 자신의 결점을 받아들이는 것이 오히려 긍정적인 변화를 이끄는 합리적인 결정이 될 수 있다.

　모든 감정에는 존재 이유가 있다. 당신이 분노할 때 아무 이유가 없었는가? 보통은 그렇지 않다. 친구가 차를 빌려 타고 나갔다가 사고를 냈을 수도 있고, 집주인으로부터 갑자기 이사 가라는 통보를 받았을 수도 있다. 이렇게 불쾌한 일을 겪을 때 화가 나는 건 지극히 당연하다. 그런데도 우리는 종종 자신의 감정을 불합리하게 여기고 거부한다. '지금 화를 내면 내 성격이 유별스럽다고 생각할까?'와 같은 생각들로 자신의 감정을 거부한다. 또 중요한 회의를 앞두고 긴장하는 게 당연한데도 '나는 왜 이렇게 소심한 거야? 이런 일로 떨지 말자.' 하고 자신을 다그친다.

　그러나 곰곰이 생각해 보면 두려움, 공포, 불안, 부끄러움, 긴장 등은 자연스럽게 일어나는 감정이다. 병증으로 발전하지만 않는다면 굳이 불합리한 감정으로 여기고 거부하지 않아도 된다.

　자신의 감정과 부족한 점을 받아들일 수 있다면 타인도 있는 그대로 받아들이고 포용할 수 있다. 그리고 자신을 받아들일 때 타인의 인정은 필요하지 않으므로 타인에게 기대하는 마음도 사라진다.

심리학에서 말하는 수용은 '결함을 없애거나 적대시하지 않고, 결함을 인정하는 바탕 위에서 나의 나쁜 감정이나 남다른 특성과 공존하는 것'이다. 댈러스에 따르면 있는 그대로 자신을 받아들이는 것이 문제 해결의 끝은 아니다. 즉, 자신을 받아들인 뒤에 무관심하게 방치해선 안 된다는 것이다. 그는 자신을 있는 그대로 받아들이는 것보다 중요한 일은 자신의 부족한 부분을 지우려 하지 않고 공존하는 것이라고 강조했다.

Point

사실들을 있는 그대로 받아들이면 오히려 마음이 편안해진다.

감정의 댐이 붕괴되는 것을 막으려면

한 지역에 심각한 피해를 준 지진이 발생했다. 그로부터 반년이 지나자 무너진 건물과 도로가 모두 복구되었다. 그런데 이 시기부터 신경정신과를 찾는 사람들이 늘어났다. 재해가 발생했을 땐 피해를 복구하느라 동분서주했지만 모든 것이 원래대로 돌아온 뒤 그동안 억눌려 있던 슬픔, 우울 등의 감정이 터진 것이다.

실제로 큰일을 겪은 사람들은 일이 생긴 초기엔 문제를 감당하느라 마음에 쌓인 슬픔을 발산하지 못하고 참기만 한다. 심리 전문가들은 감정을 해소하지 못해 심리적 문제를 겪은 사람들에게 눈물이 마를 때까지 목 놓아 울거나, 아무도 없는 곳에서 소리를 지르거나, 가까운 사람에게 마음속 감정을 털어놓으라고 조언한다. 그렇게 슬픔을 덜어내고 나면 마음이 안정되어 차츰 본래의 생활로 돌아갈 수 있다.

지진을 겪은 지역 주민의 일화로도 알 수 있듯 슬픈 일을 겪은 사람에게는 부정적인 감정을 발산할 수 있는 출구가 필요하다. 그런 감정들을 오랫동안 마음에 담아두면 언젠가는 폭발한다. 말하자면 부정적인 감정은 우리 몸속에 있는 시한폭탄과 같다.

심리학의 거장 프로이트는 인간이 감정을 처리하는 과정을 '댐'에 비유했다. 그는 모든 사람의 내면에는 감정의 댐이 있어서 일단 부정적인 감정이 생기면 감정의 댐에 저장된다고 했다. 만약 부정적인 감정이 계속 저장되어 수위가 경계선까지 올라오면 감정, 분노, 난폭함 등이 통제할 수 없는 지경에 이른다. 그러다 결국 감정의 댐이 붕괴되면서 심리적인 문제가 발생한다. 이런 상황을 방지하려면 평소 감정을 적절히 배출하여 댐이 넘치지 않도록 조절해야 한다.

사람의 감정에는 특정한 궤적이 있다. 감정이 규칙에 따라 궤적을 한 바퀴 돌려면 짧게는 몇 시간, 길게는 며칠이 걸린다. 그동안 우리가 감정을 조절하기 위해 어떤 노력을 기울이더라도 감정은 정해진 궤적을 따라 계속 나아간다. 다시 말해 어떤 감정이 일정 한도까지 쌓이면 반드시 감정 곡선을 그리며 이때는 어떤 방법으로도 감정의 강도를 약화할 수 없다.

이렇게 사람에겐 특정한 '감정 강도 한계점'이 있다. 어떤 사람은 억눌린 감정이 일정 한계에 도달하면 화를 유발한 일에 대해 이틀 동안 끊임없이 분노한다. 또 어떤 사람은 두 시간 안에 화를 다 쏟아내고 멈춘다. 사람이 부정적인 감정에 휩싸였을 때 나타내는 반응은 감정 강도 한계점에 따라 결정된다.

우리를 아프게 하는 감정의 수위가 너무 높아지면 언젠가는 댐 밖으로 넘쳐흐른다. 그러니 슬플 땐 한바탕 실컷 울거나 크게 소리를 지르자. 그러나 내 감정을 다른 사람에게 풀거나 폭력적인 행위를 하는 건 바람직하지 않다. 감정은 아무렇게나 발산하는 것이 아니라 건전하게 풀어 놓아야 한다. 그래야만 감정을 해소함으로써 더 밝은 곳으로 나아갈 수 있다.

Point

부정적인 감정은 우리 몸속에 있는 시한폭탄과 같다.

7강 ✳ 묵은 생각에서 벗어나 행복 찾기

어차피 깨진 찻주전자를 돌아본들
무슨 소용이 있을까?

교통사고가 일어났다. 신호를 무시하고 달리던 차가 횡단보도를 건너던 셰리를 쳤고, 그녀는 그 사고로 다리를 다쳐 남은 평생을 장애인으로 살게 되었다. 행복했던 그녀의 삶에 검은 구름이 드리운 건 순식간이었다. 긴 병원 생활 끝에 육체의 고통이 사라지자 이번에는 마음이 고장 났다. 평소 활달했던 셰리는 눈에 띄게 어두워졌고, 하루 종일 나쁜 생각만 머리에 맴돌았다. 어둡고 캄캄한 동굴 속에 갇힌 듯 셰리는 깊은 절망감에서 헤어나오지 못했다.

셰리와 가까운 친구들은 그녀의 상태가 몹시 걱정됐다. 어느 날 친구들은 싫다는 그녀를 어렵게 설득해서 외출을 나왔다. 다행히 친구들과 맛있는 점심을 먹으며 셰리의 기분도 한결 나아졌다.

집으로 돌아가던 길, 한 사람의 모습이 셰리의 시선을 사로잡았다. 그 사람은 바퀴가 달린 작은 의자를 양손으로 꽉 잡은 채 두 다리가 없는 몸을 힘겹게 끌고 가고 있었다. 셰리는 천천히 움직이고 있는 그 '불완전한 몸'을 자기도 모르게 뚫어지게 바라봤다. 그는 셰리의 곁을 지나면서 그녀를 한번 쳐다보고 가볍게 미소를 지었다. 그러고는 씩씩하게 계속 앞으로 나아갔다. 그의 튼튼한 팔뚝, 이상하리만치 듬직해 보이는 몸집, 깊은 눈빛에서는 당당한 자신감이 드러났다.

셰리는 큰 충격에 빠졌다. 그리고 멀리 사라져가는 그의 뒷모습을 바라보며 자신을 반성했다. 그와의 만남 이후 셰리의 인생은 통째로 바뀌었다. 자신의 힘으로 어쩔 수 없는 불행이 찾아왔을 때 이를 피하는 것은 도피이며, 불행을 기꺼이 받아들여야만 그것에서 벗어날 수 있다는 것을 깨달았기 때문이다.

이미 일어난 현실을 인정하지 않고 부정하는 것은 사실 정상적인 심리적 방어 기제다. 그렇지만 언젠가는 현실을 받아들여야 하고 나아가 현실을 바꿔야 한다. 철학자 루소는 "인간이 고통과 시련, 불행을 두려워하면 인생에는 '도피'라는 두 글자만 남는다."라고 했다.

간혹 드물게 인생이 잘 풀려 탄탄대로를 걷는 사람도 있지만, 대부분 인생은 내 뜻대로 되지 않는다. 뜻밖의 아픔이나 실패를 겪고도 무너지지 않을 유일한 방법은 아픔을 직시하고 받아들이는 것뿐이다.

어떤 남자가 바구니에 찻주전자를 가득 담아 메고 장에 팔러 나갔다. 그런데 산비탈을 지나다가 주전자 몇 개가 바구니에서 떨어져 박살이 나고 말았다. 그는 깨진 주전자는 아랑곳

7강 ✳ 묵은 생각에서 벗어나 행복 찾기

하지 않고 가던 길을 계속 갔다. 이 광경을 목격한 행인이 그에게 소리쳤다.

"이봐요! 찻주전자가 떨어져 깨졌소."

그러자 남자가 대답했다.

"어차피 깨진 걸 돌아본들 무슨 소용이 있겠습니까."

손해를 입었을 때 이 남자처럼 대범하게 생각하는 사람은 드물다. 이 경우 대부분은 가던 길을 멈추고 괴로워한다. 하지만 그래봤자 시간을 낭비할 뿐, 마음이 뒤숭숭해져 더 많은 '찻주전자'를 깰 수도 있다. 그러니 어차피 깨진 건 뒤돌아보지 않는 남자의 지혜를 배울 필요가 있다.

슬픔이 찾아오면 우선 자연스럽게 받아들인 다음 어떻게 대처할지 고민해야 한다. 불행이 닥쳤을 때도 이를 극복하는 가장 좋은 방법은 불행을 받아들임으로써 감정을 조절하는 것이다. 슬픔을 용기 있게 마주한다면 어떤 아픔이나 괴로움도 결국 극복할 수 있다.

라인 강변에 있는 작은 도시가 전쟁으로 거의 폐허가 되었다. 전쟁이 끝난 뒤 피난 갔다가 돌아온 사람들은 폐허가 된 마을을 보고 깊은 슬픔에 잠겼다. 어떤 이는 전쟁의 잔혹함을 원망했고, 어떤 이는 살길이 막막해 절망에 빠졌다. 반면 슬픔을 받아들이고 다시 일어서기 위해 애쓰는 사람들도 있었다.

그렇게 몇 년이 흐르자 전쟁의 상처도 거의 아물고 다시 평범한 생활이 시작되었다. 하지만 여전히 지나간 슬픔에 빠져 일상을 회복하지 못한 사람들도 있었다. 전쟁이 그들에게 지울 수 없는 그림자와 상처를 남긴 것이다. 마음의 상처를 치유하지 못한 사람들을 지켜보던 노인이 하느님을 찾아가 부탁했다.

"제발 저 가여운 사람들을 고통의 바다에서 구해 주십시오."

그러자 하느님은 유감스럽다는 듯 말했다.

"상처를 극복하려고 애쓰는 사람이라면 몰라도 실의에만 빠져 있는 사람은 나도 도와줄 방법이 없다. 행복이란 고통 속에서도 웃음을 잃지 않고 희망을 가진 사람만이 가질 수 있는 것이기 때문이다."

태풍으로 비바람이 치더라도 언젠간 다시 화창해진다. 지혜로운 사람은 이런 삶의 이치를 알고 슬픔 속에서도 용기를 내내일을 준비한다. 하지만 일시적인 시련을 잘 넘기면 다시 햇빛이 비친다는 것을 알지 못하고 마치 인생이 끝난 것처럼 여기는 사람도 있다. 시련을 반기는 사람은 없다. 하지만 사람은 시련을 극복하는 과정에서 자신이 얼마나 강한 존재인지 발견하게 된다. 그러니 삶에 시련이 찾아오더라도 담대한 마음과 미소를 잃지 말자. 그 비바람을 지나면 분명 한 단계 더 성장해 있을 테니 말이다.

(Point)

슬픔을 용기 있게 마주한다면 어떤 아픔이나 괴로움도
결국 극복할 수 있다.

7강 ✳ 묵은 생각에서 벗어나 행복 찾기

불가피한 일을 받아들이는 것도 지혜다

예일 대학을 갓 졸업한 스물두 살 맥길은 똑똑한 청년으로 한창 패기만만한 시절을 보내고 있었다. 그의 인생을 180도 달라지게 한 사고는 맥길이 산책하던 어느 평범한 저녁에 일어났다. 중심을 잃은 대형 트럭이 맥길을 향해 달려왔고, 그가 정신을 차렸을 땐 왼쪽 다리가 잘린 채로 중환자실에 누워 있었다. 맥길은 스스로에게 물었다.

'이렇게 휠체어에 앉아 평생을 보낼 거야? 정말 그렇게 살 수 있어?'

그는 고개를 힘껏 저었다. 이후 맥길은 이를 악물고 재활훈련에 임했다. 그 기간에 온갖 괴로움을 겪었지만 한 번도 자신의 처지를 원망하지 않았다. 왼쪽 다리를 잃은 지 1년이 되었을 무렵 맥길은 달리기를 시작했다. 그리고 얼마 지나지 않아서 10킬로미터 달리기 경기에 참가했다. 뒤이어 뉴욕 마라톤 대회에도 참가하여 다른 장애인 선수의 기록을 경신했다. 그렇게 그는 세계에서 가장 빠른 외다리 달리기 선수가 되었다.

하지만 운명은 다시 한번 맥길의 의지를 시험했다. 1993년 캘리포니아에서 열린 트라이애슬론 대회에 참가한 맥길이 자전거를 타고 질주했다. 관중들은 양쪽 길가에 늘어서서 그에게 환호했다. 그러다 그들은 별안간 날카롭게 비명을 질렀다. 화물차 한 대가 돌진해 그를 덮쳤기 때문이다.

맥길은 처음 사고를 당했을 때와 달리 이번에는 충돌한 순간을 또렷하게 기억했다. 관중들의 비명소리와 자신을 향해 돌진하던 화물차, 몸이 붕 떠올랐다가 바닥으로 떨어지고 구급차에 실리는 순간까지. 그 일로 맥길은 사지가 마비되었다. 당시 그의 나이는 겨우 서른 살이었다. 맥길의 사지는 활동 능력을 잃었지만 신경이 약간 살아 있어 팔을 조금이나마 움직일 수 있었다.

의식을 되찾은 맥길은 사지에 감각이 있다는 사실을 알고 나서는 약간 흥분했다. 감각이 있다는 것은 회복할 가능성이 있다는 걸 의미했기 때문이다. 그는 스스로를 행운아라고 여겼다. 그리고 고된 연습을 거쳐 결국 스스로 씻고 옷을 입고 밥도 먹을 수 있게 되었다. 의사도 그의 이런 변화에 크게 놀랐다.

이어서 맥길은 혹독한 재활 훈련을 시작했다. 그는 스스로를 격려하며 말했다.

"너는 이미 경험자니까 어떻게 해야 하는지 잘 알고 있어. 죽도록 훈련해야 해. 걱정할 필요도 없고 기죽을 필요도 없어. 무조건 이 지옥에서 벗어나는 거야!"

투지를 활활 불태운 맥길의 재활 속도는 무척 빨랐다. 6개월 가량 고된 재활훈련을 마친 그는 마침내 정상적인 생활을 할 수 있을 정도로 회복되었다. 그리고 한 트라이애슬론 대회에서 '굳은 의지와 인류의 정신력'이라는 제목으로 감동적인 연설을 했다. 연설이 끝나자 사람들은 맥길의 강한 정신력과 의지에 감탄하며 그를 둘러싸고 환호했다.

사람의 일생에는 많든 적든 부침이 있게 마련이다. 급변하는 날씨와 같은 인생의 돌발적인 사건들은 우리 힘으로 바꿀 도리가 없지만, 이를 대하는 우리의 태도는 바꿀 수 있다. 두 번이나 큰 사고를 당했는데도 긍정적인 마음가짐으로 자기 인생을 재건한 맥길처럼 말이다.

삶에서 시련을 만날 때 "나에게 왜 이런 일이 일어났을까?"라며 따져봐야 고통만 가중된다. 불가피한 일은 받아들이고 다음 단계로 나아가 내가 할 수 있는 걸 하자. 현실을 받아들이는 법을 배우는 것은 인생에서 반드시 거쳐야 할 과정이다. 고난과 역경을 만났을 때 어떤 마음가짐을 갖는지에 따라 한 사람의 인생 궤적이 달라진다.

Point

불가피한 일은 받아들이고,

다음 단계로 나아가 내가 할 수 있는 걸 하자.

과거와 미래 사이에 유일하게 존재하는 것

에드워드는 어릴 때 집안이 무척 가난했다. 그러나 그에게는 꿈과 목표가 있었기에 고생을 참아가며 성실하게 일했고 결국 꽤 많은 돈을 모았다. 미국이 경제 불황이던 시기, 한 친구가 에드워드를 찾아왔다. 친구는 현재 자신의 경제 사정이 몹시 안 좋다며 1만 6,000달러를 대신 지급해 주기를 간청했다. 에드워드는 깊이 고민하지 않고 친구의 부탁을 들어주었다. 하지만 얼마 뒤에 친구는 파산 선고를 받았고 1만 6,000달러는 고스란히 그의 채무가 되었다. 이보다 더 암담한 일은 에드워드가 꾸준히 거래하던 은행이 부도가 나서 그간 갖은 고생을 하며 모은 돈이 공중분해된 것이었다. 그에겐 더 이상 빚을 갚고 생계를 유지할 능력이 없었다.

　도저히 받아들일 수 없는 현실 앞에 무너진 에드워드는 그만 몸져눕고 말았다. 몸이 너무나도 쇠약해져 의사는 그가 얼마 살지 못할 것이라고 했다. 에드워드는 그 말에 큰 충격을 받았다. 그래서 그동안 자신을 괴롭혀온 과거의 일들을 살기 위해 과감하게 내려놓기로 했다.

마음가짐을 바꾼 덕일까. 에드워드의 몸은 서서히 회복되었다. 그가 곧 죽을 것이라고 보았던 의사도 경탄을 금치 못했다. 에드워드는 결국 침대 위에서 일어났고 다시 한번 사업에 도전해 과거에 잃었던 모든 것을 되찾았다.

우리는 시선을 과거나 미래에 고정할 때가 많다. 그래서 현재에 관심을 두지 않고 살다가 당연하게 여기던 것을 잃고 나서야 그것의 소중함을 깨닫는다. 자신에게 닥친 불행으로 인해 건강의 소중함을 놓치고 있다가 의사의 경고에 정신을 차린 에드워드처럼 말이다.

하버드 대학의 심리학자 다니엘 골먼은 우울증 환자의 심리 치료에서 이렇게 말했다.

"최고의 웃음은 오늘 웃는 것입니다. 그런데 우리는 과거에 웃었던 때를 회상하고, 미래에 더 환하게 웃을 날을 기대합니다. 오늘 현재의 삶 속에서 웃는 사람이 몇이나 될까요? 우리에겐 웃을 시간이 없는 걸까요, 아니면 웃는 법을 잊은 걸까요? 우리에겐 거울이 필요합니다. 바로 지금 웃어야 한다는 걸 깨달을 수 있도록 말이죠."

우리는 습관적으로 알 수 없는 미래를 좇고 잊히지 않는 과거의 기억을 회상한다. 그러나 세상에서 가장 가치 있는 것은 이미 지나간 과거와 아직 오지 않은 미래가 아닌 바로 오늘, 현재다.

고대 그리스 철학자 크리시포스는 "과거와 미래는 '존재하는' 것이 아니라 '존재했던' 것과 '존재할' 것이다. 유일하게 '존재하는' 것은 현재다."라고 했다. '존재하는' '현재'는 삶에서 가장 의미 있는 부분이며 전체 삶의 중심이다. 그런데도 우리는 자주 무엇이 중요한지 잊고, 지나간 과거와 아득한 미래 속에서 삶의 해답을 찾으려고 한다. 삶은 이미 우리에게 해답을 주었다. 과거와 미래에 시선을 고정한 탓에 보지 못할 뿐이다.

베토벤은 청력을 잃어 자신이 만든 아름다운 선율을 듣지 못했지만 후대에 길이 남을 위대한 곡을 만들었다. 헬렌 켈러는 자신의 장애에 구애받지 않고 도전적인 삶을 살았다. 그들이 유일하게 할 수 있는 일은 주어진 매일에 최선을 다하는 것뿐이었다. 프랑스 철학자 파스칼은 인류가 현실은 안중에도 없이 미래만 내다보며 미래의 행복을 추구하는 것을 이해할 수 없다고 했다. 그는 자신의 저서 《팡세(Pensées)》에 이렇게 썼다.

"우리는 줄곧 현재를 놓치고 있다. 과거에 빠져 살거나 미래를 간절히 기다리고, 이미 바람처럼 지나간 과거를 잡으려고 애쓰거나, 느리게 가는 시간을 탓하며 미래가 빨리 다가오기를 애타게 기다린다. 우리는 참 어리석다. 다른 것에 정신이 팔려 나에게 주어진 시간을 잡지 못하고 헛되이 보내고 있으니 말이다."

삶은 우리에게 충분히 많은 행복을 가져다주었다. 그러나 우리는 보고도 못 본 체하며 행복이 너무 멀리 있다고 여기거나 이미 지나갔다고 여긴다. 그렇지만 행복은 언제나 우리가 손을 내밀면 닿는 곳에 있다. 모든 환상과 기대는 실제가 될 수 없고 모든 기억과 추억도 다시 경험할 수 없다.

어차피 되돌릴 수 없는 일을 돌아보며 집착할 필요가 있을까? 유쾌하지 않은 기억은 곱씹을수록 슬픔만 깊어진다. 또한 아직 오지 않은 미래를 그리며 불안해하거나 기대할 필요도 없다. 삶은 오직 현재에 존재한다. 그러므로 매일 최선을 다해 살고, 지금 곁에 있는 사람을 아끼며, 현재의 행복을 귀하게 여겨야 한다. 그렇지 않으면 매일 선물처럼 주어지는 '오늘'이 사라져 버린다. 어제의 슬픈 기억에 매달리고 미래를 기대하느라 현재를 낭비하지 말자.

Point

행복은 언제나 우리가 손을 내밀면 닿는 곳에 있다.

인생이란 본래 '비터스윗'하다

'비터스윗(bittersweet)'이란 단어는 씁쓸하면서도 달콤한, 괴로우면서도 즐거운 것을 의미한다. 인생은 이 비터스윗에 비유할 수 있다. 초콜릿의 맛을 음미하다 보면 달콤함과 함께 씁쓸함과 시큼함이 느껴진다. 우리 인생도 본래 이런 것이 아닐까. 달콤함과 씁쓸한 맛이 어우러져 깊은 풍미를 내는 초콜릿처럼 우리 인생도 행복과 고통이 함께 어우러져 삶이라는 만찬을 차려낸다.

항상 청중에게 뜨거운 박수를 받는 뛰어난 연설가가 있었다. 그의 연설엔 남다른 면이 있었는데 다른 연설가들이 주로 자신의 성공담을 떠벌리는 반면, 그는 자신의 실패담을 조목조목 늘어놓았다. 그리고 자신의 실패를 예로 들며 인생의 어려움을 극복하는 법을 알려 주었다. 어느 날 한 청중이 물었다.

"선생님은 어떻게 자신의 상처를 아무렇지도 않게 드러내시나요?"

그러자 연설가가 웃으며 대답했다.

"저 혼자 상처를 되새길 땐 무척 외롭고 고통스러웠습니다. 하지만 제가 얻은 교훈을 이렇게 사람들에게 전할 때면 희열을 느끼곤 합니다."

청중은 연설가의 대답에 고개를 끄덕였다. 고통도 행복처럼 본래 존재하는 것이기에 있는 정성껏 요리하면 색다르고 훌륭한 맛을 느낄 수 있다. 달콤한 맛을 더 부각하려면 설탕 대신 소금을 약간 넣어야 한다는 사실을 아는가? 때때로 고통은 이 소금처럼 인생에서 행복을 더하는 역할을 한다.

카센터를 운영하는 파커는 일이 없을 때면 배낭을 메고 친한 친구들과 전국을 다니며 여행을 즐긴다. 그가 여행을 얼마나 좋아하냐고? 자기 인생에서 여행을 빼면 아무것도 없다고 말할 정도다. 한번은 파커가 친구에게 물었다.

"어떤 호텔이 5성급으로 불릴 만한지 알아?"

친구는 대수롭지 않게 대답했다.

"그야 국제 기준에 맞고 아주 호화스럽게 꾸민 호텔이겠지."

그 말에 파커는 빙그레 웃으며 자신의 여행담을 들려주었다.

지난가을 파커는 여행길에 만난 사람들과 온종일 산속 오솔길을 따라 걸었다. 주변에는 인가는 물론이고 사람 하나 보이지 않았고 오가는 자동차도 없었다. 오래 걸어서 기진맥진한 파커와 사람들은 마침내 작은 마을에 도착했고, 그곳의 유일한 여관에서 묵었다. 여관 시설은 허술하기 그지없었다. 방에 있는 것이라곤 널찍한 나무 침대와 세수를 할 수 있는 약간의 따뜻한 물뿐이었다.

하지만 고된 여정과 마을을 발견하지 못하면 어쩌나 하는 불안감에 시달렸던 파커는 침대와 따뜻한 물을 보자 눈물이 날 뻔했다. 그래서 불만은커녕 행복에 휩싸였고 그 허술한 여관이 5성급 호텔보다 편안하게 느껴졌다고 한다.

행복이란 무엇일까? 사실 행복은 거창한 것이 아니다. 배고플 때 먹을 밥이 있고, 피곤할 때 내 한 몸을 뉠 자리가 있고, 사람이 그리울 때 불러낼 친구가 있다면 그것이 바로 행복이다. 인생이라는 만찬을 어떻게 차리고 음미할 것인지는 각자 손에 달려 있다.

Point

행복은 거창한 것이 아니다.

생각에는 자성과 주파수가 있다

아라비아 전설 중에 두 친구가 함께 사막을 여행하는 이야기가 있다. 여행 중이던 두 친구는 별안간 사이가 나빠져 크게 다퉜고, 한 친구가 다른 친구의 따귀를 철썩 때렸다. 따귀를 맞은 친구는 되받아 때리지는 않았지만 모욕감을 느껴 마음이 무척 괴로웠다. 그래서 말하는 대신 모래 위에 이렇게 썼다.

"나는 오늘 친한 친구에게 뺨을 맞았다."

두 사람은 계속 앞을 향해 걸어가다가 뜻밖에도 모래 폭풍을 만났다. 모래를 헤치며 겨우겨우 걸음을 옮기는데, 뺨을 맞은 친구가 하마터면 모래에 파묻혀 죽을 뻔했을 때 친구가 위험을 무릅쓰고 구해주었다. 친구 덕에 운 좋게 살아난 그는 크게 감동해서 이번엔 작은 칼로 바위 위에 이렇게 새겼다.

"오늘 친한 친구가 내 목숨을 구했다."

옆에서 지켜보던 친구가 의아한 얼굴로 물었다.

"내가 널 때렸을 땐 모래 위에 글을 쓰더니 지금은 왜 바위에 새겨?"

그러자 그가 웃으며 대답했다.

"나는 상처받으면 바람이 상처를 씻어내도록 모래처럼 잘 지워지는 곳에 글을 써. 반대로 도움을 받으면 그 사실이 지워지지 않도록 깊이 각인하지."

망각과 관련하여 프랑스의 대문호 오노레 드 발자크는 이렇게 말했다.

"망각은 강직하고 창의적인 사람의 보물이다. 그들은 어떤 잘못이 있었는지 자연스럽게 망각한다. 나약한 사람은 고통을 삶의 교훈으로 삼지 않고, 고통에 빠져 그 안에서 하루하루를 살아가며, 지나간 고통을 매일 돌아보며 스스로를 괴롭힌다."

하버드 대학 출신의 한 철학자도 "고난과 불행을 잊을 줄 알아야 가장 행복한 사람이 될 수 있다."라고 말했다. 걱정, 두려움, 우울 등 부정적인 감정에 흔들리지 않으려면 기분을 상하게 하는 일들을 잊는 법을 배워야 한다.

미국인 밥 도일은 로스앤젤레스의 텔레비전 프로그램 제작자다. 예순이 넘은 그는 기억력이 남달라서 다섯 살 때부터 거의 매해 생일을 어떻게 지냈는지 자세히 기억하는 것은 물론, 과거 40년 동안 보냈던 새해 전야도 기억했다. 심지어는 1971년 이후로 역대 오스카상 주요 수상자와 특정 날짜에 열린 럭비 경기의 점수까지 기억했다. 이렇게 비상한 기억력을 가진 그를 사람들은 무척 부러워했다.

그러나 긍정적인 면이 있으면 부정적인 면도 있듯 밥은 비상한 기억력으로 인해 늘 수심에 차 있었다. 지난날의 아름다운 기억뿐 아니라 고통과 시련으로 상처받은 일들 또한 또렷하게 기억했기 때문이다. 머릿속을 가득 채운 불행한 기억의 조각들은 그를 끝없는 고통 속으로 밀어 넣었다.

론다 번은 저서 《시크릿(The Secret)》에서 인생의 중요한 이치인 '끌어당김의 법칙'을 언급했다. 그녀의 견해에 따르면 생각에는 자성(磁性)과 모종의 주파수가 있다고 한다. 그래서 어떤 일로 기뻐하면 끌어당김의 법칙이 작용하여 기쁨을 주는 일을 끌어당겨 기분이 계속 좋아지고, 끊임없이 불평하면 끌어당김의 법칙에 따라 불만스러운 상황이 계속 생겨 우울한 기분이 지속된다. 또 《시크릿》에서는 기분이 나쁜 것을 장시간 좋지 않은 생각을 한 결과로 본다. 그러므로 불쾌한 생각을 머릿속에 오래 담아두거나 사소한 일들로 기분을 망치지 않도록 주의해야 한다.

〈상상력을 초월하는 부〉라는 프로그램을 만든 밥은 이렇게 전했다.

"당신이 행복감을 느낀 그날부터 계속 행복감을 유지하고 다른 일로 행복한 기분을 망치지만 않으면, 끌어당김의 법칙이 그와 비슷한 사람과 상황을 더 많이 불러와 행복감이 지속됩니다."

이미 일어난 일은 그냥 흘려보내야 한다. 그 일로 인해 더 이상 슬퍼하지 않고 기운을 내야 다음 단계로 이동할 수 있고 인생도 환하게 빛난다. 우리는 긍정적인 방법으로 부정적인 감정을 떨쳐내려 노력해야 한다. 예를 들어 실망감에 빠졌다면 노래를 불러보자. 음악 감상, 조깅, 수다 떨기, 데이트, 행복했던 옛일 추억하기 등으로 기분을 전환하는 것도 좋은 방법이다. 한마디로 좋지 않은 생각과 감정을 비워내고 행복한 기분만 남겨두어야 한다.

(Point)

이미 일어난 일은 그냥 흘려보내야 한다.

돌아서서 후회하지 않는

삶의 방식

하버드 대학 심리학 전문가들에 따르면,

후회하면서 느끼는 고통이 잘못으로 손해를 입었을 때

느끼는 고통보다 훨씬 심각하다고 한다.

'내가 왜 그랬을까?',

'그때 그 일을 하지 말걸.'과 같이 잘못을 되새기고

자책하는 것은 우리를 고통으로 내몬다.

그러나 이미 지나간 일을 후회하느라 현재를 놓쳐선 안 된다.

삶은 지금 이 순간 내 눈앞에 펼쳐지고 있다.

더 이상 손에 잡히지 않는 과거의 환영에

사로잡히지 말고

선명하게 실재하는 오늘을 붙잡아야 한다.

쏟아진 우유 때문에 울지 마라

강의실로 들어온 박사 폴은 학생들의 표정이 어두운 걸 발견했다. 이유를 물어보니 학생 대다수가 지난주에 본 시험 때문에 마음이 편치 않다고 했다. 아는 걸 제대로 썼는지, 자기가 쓴 답이 맞았는지 틀렸는지 걱정하는 제자들 모습에 폴은 안타까움을 느꼈다.

다음 날 수업은 실험실에서 이루어졌는데, 폴은 수조가 놓인 책상에 우유 한 병을 올려놓았다. 왜 우유를 가져왔는지 학생들이 궁금해할 때 폴이 자리에서 벌떡 일어나 우유병을 수조 안으로 떨어뜨렸다. 유리가 깨지는 소리와 함께 우유가 수조 안에 쏟아졌다. 학생들은 깜짝 놀라 눈이 휘둥그레졌다. 그때 폴이 "쏟아진 우유 때문에 울지 마십시오."라고 말했다. 그러고는 학생들에게 수조 안의 깨진 병과 쏟아진 우유를 자세히 들여다보라고 했다. 그는 이어서 또박또박 진지하게 말했다.

"이미 쏟아진 우유는 아무리 후회하고 원망한들 한 방울도 쓸어 담을 수 없습니다. 미리 조심했더라면 우유병이 깨지지 않았겠지만 때는 이미 늦었죠. 여러분이 지난주에 본 시험도 마찬가지입니다. 돌이킬 수 없는 일로 인해 후회하는 마음이 들 때 우리가 할 수 있는 일은 깨끗이 잊고 다음 일에 집중하는 겁니다."

지나간 일에 가치를 부여하는 유일한 방법은 과거의 잘못을 분석하여 반면교사로 삼은 뒤 잊어버리는 것이다. 미국의 유명한 프로야구 선수 코니 맥의 이야기를 들어 보자. 그도 한때는 시합에서 지면 항상 마음이 무거웠다고 한다.

"전에는 시합에서 지고 나면 얼마나 고민했는지 몰라요. 하지만 이제 그런 어리석은 행동은 하지 않습니다. 이미 지나간 일인데 나락으로 떨어진 사람처럼 괴로워하면 뭐 하겠어요. 흘러간 강물을 되돌릴 순 없잖아요."

그렇다. 흘러간 물을 되돌아오게 할 수는 없다. 쏟아진 우유도 다시 쓸어 담지 못한다. 그러나 이미 벌어진 일로 슬퍼하고 후회하는 대신 긍정적인 자세를 취할 수는 있다. 전 헤비급 권투 챔피언의 이야기도 들어 보자.

"어느 날, 시합을 하는데 갑자기 내가 너무 늙은 것 같은 생각이 들더군요. 10라운드가 되니까 얼굴이 퉁퉁 부어오르고 온몸은 상처투성이가 되었죠. 두 눈은 아파서 떠지지도 않았고요. 쓰러지지만 않았지 이미 진 거나 다름없었어요. 심판이 상대 선수의 오른손을 높이 들어 승리를 선언하는 모습이 흐릿하게 보이더군요. 난 더 이상 챔피언이 아니었습니다."

전 챔피언은 자존심을 회복하기 위해 다시 시합에 도전했다. 하지만 안타깝게도 뜻대로 되지 않았다. 그 이후로 어떻게 되었을까? 그는 현실을 마주하고 과거에 갇혀 살지 말자며 스스로를 달랬다. 비록 실패했지만 그것 때문에 무너지지는 않겠다고 결심한 것이다. 그리고 번뇌에서 벗어나 미래를 계획하는 데 집중했다. 마침내 그는 선수가 아닌 권투 경기 운영과 홍보 분야에서 활약하게 되었다. "똑똑한 사람은 제자리에 앉아 자신이 잃은 것을 슬퍼하느니, 잃은 것을 메우기 위한 방법을 찾는다."라는 셰익스피어의 명언처럼, 새로운 도전을 시작한 그는 챔피언일 때보다 더 즐겁고 행복하게 지내고 있다.

이미 일어난 일은 그대로 흘러가게 내버려 둬라. 그 일로 노심초사하고 후회한들 아무 소용도 없다. 사람은 누구나 살면서 실수하기도 하고 어리석은 짓을 하기도 한다. 그러면 또 어떤가. 지나간 불행은 과감히 잊고 다시 새롭게 시작하면 그만이다. 잃어버린 것을 안타까워하며 슬퍼하지도 마라. 그저 순리에 맡기고 편안한 마음으로 평소처럼 지내는 것이 인생을 현명하게 사는 길이다. 과거는 지나갔지만 현재와 미래는 여전히 당신과 함께 있음을 기억해야 한다.

Point

지나간 불행은 과감히 잊고 다시 새롭게 시작하면 그만이다.

재상의 배 속에선 배도 저을 수 있다

한 시골 마을에 가난한 노부부가 살았다. 어느 날, 부부는 집안에서 가장 돈이 되는 황소를 시장에 내다 팔고 필요한 물건으로 바꾸기로 결정했다. 영감은 소를 끌고 시장으로 가서 나귀와 바꾸고, 나귀를 다시 양과 바꿨다. 그리고 양을 살찐 거위 한 마리와 바꿨다가 다시 암탉으로 바꿨다. 마지막으로 암탉을 흠집이 난 사과가 담긴 큼지막한 자루와 바꿨다. 영감은 물물 교환을 할 때마다 아내가 크게 기뻐할 거라고 상상했다.

커다란 자루를 어깨에 메고 집으로 돌아가던 영감이 잠시 쉴겸 작은 술집에 들렀다가, 상인 두 명을 우연히 만났다. 그들과 대화를 나누며 영감은 시장에서 소를 다른 것으로 바꾼 이야기를 꺼냈다. 이야기를 듣던 두 상인이 크게 웃으며 말했다.

"집에 가면 아마 틀림없이 아내분에게 혼쭐이 날 겁니다."

영감은 절대 그럴 리 없다고 완강하게 부인했다. 상인들은 금화 한 자루 내기를 제안했다. 만약 그들의 말이 틀리면 금화

한 자루를 영감에게 주기로 약속한 것이다. 그리하여 세 사람이 함께 영감의 집으로 갔다.

아내는 시장에서 돌아온 영감을 무척 반겼고, 영감이 장에서 있었던 이야기를 시작하자 잔뜩 상기된 표정으로 귀를 기울였다. 영감이 물물 교환을 한 과정을 차례로 설명할 때마다 아내는 감탄을 금치 못하며 계속 맞장구쳤다.

"아, 나귀가 있으면 짐을 실을 수 있지요."

"양젖도 맛있어요."

"음, 거위 털은 정말 예뻐요."

"달걀을 먹을 수 있겠군요."

마지막으로 흠집이 난 사과 자루를 메고 온 이야기를 하는데도 아내는 끝까지 화내지 않고 큰 목소리로 대구했다.

"참 잘됐네요. 오늘 저녁에 사과파이를 만들어 먹을 수 있겠어요."

두 상인은 어안이 벙벙해졌다. 영감의 아내가 이 정도로 낙천적이고 긍정적인 사람일 줄은 몰랐던 것이다. 내기에 진 상인들은 결국 영감에게 금화 한 자루를 내주었다.

중국에는 도량이 큰 사람을 비유하는 '재상의 배 속에서는 배도 저을 수 있다'는 속담이 있다. 영감의 아내는 재상은 아니지만 좋은 것을 잃고도 아까워하거나 원망하지 않았다. 그녀는 마음이 너그러울 뿐만 아니라 삶을 대하는 태도도 대범했다. 대범한 사람은 곤경에 처했을 때 긍정적으로 생각하고 행동함으로써 어려움을 극복하고 다른 사람보다 훨씬 즐겁게 살아간다.

영국의 어느 철학자는 "인간이 불안한 이유는 어떤 일 때문이 아니라 그 일에 대한 생각 때문이다."라고 했다. 그의 지적처럼 많은 사람이 이런저런 일로 걱정한다. 왜 그럴까? 이미 지나간 일들을 내려놓지 못하고 과거에 연연하기 때문이다. 그래서 늘 불평하고 후회하며 자기 자신을 힘들게 한다. 후회로 세월을 보내느니 자신의 태도를 바꾸는 편이 낫다. 살다 보면 어쩔 수 없이 마뜩잖은 일들을 겪게 마련이다. 그러므로 일이 안 풀리더라도 자신의 결정을 후회하며 잘못된 판단을 했다고 자책하지 말자. 그 대신 내일에 초점을 맞추고 순탄한 미래를 기대하면 삶이 더욱 행복하고 풍요로워질 것이다.

(Point)

인간이 불안한 이유는 어떤 일 때문이 아니라

그 일에 대한 생각 때문이다.

똑같은 문제로 세 번 시험을 치른 이유

한 기업에서 신입사원 채용 공고를 내자 수많은 젊은이가 몰려왔다. 연봉이 높고 복지가 훌륭해 모두 선망하는 회사였기 때문이다. 단 한 사람만 채용할 계획이었던 터라 회사 임원들과 채용 담당자들은 고민에 고민을 거듭했다. 까다로운 면접과 실무 시험을 거쳐 단 두 명이 남았고, 두 사람을 대상으로 사흘 동안 최종 시험이 세 번 시행되었다.

첫 번째 시험에서 A는 99점을 받았고 B는 95점을 받았다. 두 번째 시험에서 감독관이 시험지를 나누어주었을 때 A는 이상한 생각이 들었다. 첫 번째 시험 문제와 완전히 똑같았기 때문이다. 그러나 감독관이 별다른 말을 하지 않았기에 A는 깊이 생각하지 않고 지난번과 같은 답을 썼다. 두 번째 시험의 성적이 나왔다. A는 여전히 99점으로 선두를 지켰고 B는 98점을 얻었다.

사흘째 되던 날 마지막 시험이 실시되었다. 그런데 세 번째 시험에도 앞선 두 번의 시험과 같은 문제가 출제된 게 아닌가. 이번에도 감독관은 아무런 말이 없었다. 이상하다고 생각하면서도 웬지 모를 자신감과 여유가 생긴 A는 시험이 시작된 지 30분이 지나기도 전에 답안 작성을 마치고 B를 힐끗 쳐다봤다. B는 답을 생각하느라 깊이 고심하는 듯 보였다. 이따금 내용을 지우고 더 채워 넣기도 하며 시험 종료 시간이 다 되어서야 답안지를 제출했다.

세 번째 시험 성적이 발표되었다. 이번에는 A와 B 모두 99점이 나왔다. A는 자기가 B에게 밀릴 거라고는 결코 생각하지 않았다. 다른 두 번의 시험에서 자신의 성적이 더 좋았기 때문이다. 그런데 나흘째 되던 날 발표된 채용 결과에서 회사가 선택한 사람은 A가 아닌 B였다. A는 황당한 마음을 억누를 수 없어 채용 담당자를 찾아가 이유를 물었다. 그러자 담당자는 이렇게 말했다.

"우리는 시험에서 최고점을 받은 사람을 채용하겠다고 약속하지는 않았습니다. A씨가 세 번의 시험에서 좋은 점수를 받은 건 맞지만 시험의 답안이 모두 똑같았어요. 채용 담당자들이 세 번의 시험 모두 같은 문제를 낸 데는 이유가 있습니다. 회사가 같은 문제에 늘 같은 해답만 가지고 있다면 한 가지 방식으로만 경영해야겠죠. 그러면 결국 도태될 수밖에 없어요. 회사에는 뛰어난 능력을 가진 직원도 물론 필요합니다. 하지만 우리가 정말로 원하는 직원은 반성할 줄 아는 사람입니다. 반성을 통해 자신의 잘못을 발견할 수 있는 사람에겐 발전의 여지가 있거든요. 직원이 발전해야 회사도 발전하니까요. 그래서 똑같은 시험지로 세 번의 시험을 치른 겁니다. 지식도 검증하고 반성하는 자세도 검증하기 위해서였죠."

그 말에 A는 말문이 막히고 얼굴이 뜨거워졌다.

<u>반성할 줄 모르는 사람은 성장하지 못한다.</u> 반성이란 사고를 통해 자신의 말과 행동을 살펴 무엇을 잘못했고 어떤 점을 고쳐야 하는지 파악하는 것이다. 그러면 이전과 같은 일이 다시 일어났을 때 실수를 반복하지 않고 처음보다 문제를 더 잘 해결할 수 있다.

'내가 이런 점이 부족했구나.' 하고 깨달았을 때 반성하고 수정할 기회를 얻는 것은 멋진 일이다. 회사가 원하는 '반성할 줄 아는 인재'였던 B는 똑같은 문제로 세 번 시험을 치르며 매번 다른 답을 썼다. 지난번에 문제를 풀 때 자신이 실수한 점과 부족한 점을 깨닫고 조금이라도 더 나은 답을 도출해 냈기 때문이다.

"저는 대학에 다닐 때 바보 같은 실수를 무척 많이 했지만 그 일을 변명하기보다는 항상 진지하게 반성했습니다."

하버드 대학에서 컴퓨터공학과 심리학을 전공하고 소셜 네트워크 서비스인 페이스북을 창립한 마크 저커버그의 말이다. 반성은 사람을 더욱 성숙하게 한다. 진지하게 반성하는 동안 자신을 정확히 바라보고 결점을 고칠 수 있기 때문이다. 그러면 직장, 학교, 일상생활에서 자신의 부족한 점을 부단히 보완하고 실력을 향상하여 성공에 가까이 갈 수 있다.

다만, 실수를 다룰 때는 주의가 필요하다. 반성이 너무 지나쳐도 문제지만 쉽게 잘못을 잊으면 같은 실수를 반복하게 되기 때문이다. 반성하며 얻은 교훈을 마음에 적당히 남겨 두어야 향후 일처리를 신중하게 할 수 있다.

(Point)

　반성할 줄 모르는 사람은 성장하지 못한다.

만약 과거의 빌 게이츠가
나에게 동업을 제안한다면

영국 리버풀에 살던 콜레트는 1973년 하버드 대학에 입학했다. 그는 항상 열여덟 살짜리 미국 청년과 함께 수업을 들었다. 2학년이 되던 해에 그 청년은 콜레트에게 같이 자퇴하고 재무관리 소프트웨어를 개발하자고 제안했다. 콜레트는 그의 선택을 무척 의아하게 느꼈다. 아직 학교에서 배울 것이 더 많다고 생각했기 때문이다. 그래서 완곡하게 청년의 제안을 거절했다.

10년 후 콜레트는 하버드 대학에서 박사 과정을 밟았고, 자퇴한 미국 청년은 그해에 미국 경제 잡지 〈포브스(Forbes)〉에서 선정한 억만장자 순위에 올랐다. 계속 공부에 매진한 콜레트는 1992년 마침내 박사 학위를 받았고, 미국 청년은 개인 자산이 65억 달러에 달해 미국 내 부자 순위에서 2위를 차지했다. 1위는 월가의 거물 워런 버핏이었다.

1995년 전문 지식을 충분히 갖췄다고 스스로 판단한 콜레트는 32Bit 재무관리 소프트웨어를 연구하고 개발하기 시작했다. 같은 시기에 미국 청년은 이미 Bit를 뛰어넘어 그보다 1,500배나 빠른 EIP 재무관리 소프트웨어를 개발해 2주 만에 세계 시장을 점령하고 그해 세계 최고의 부자로 등극했다.

이 미국 청년은 과연 누구일까? 바로 빌 게이츠다. 자신에게 함께 소프트웨어를 개발하자고 제안했던 이가 빌 게이츠였다는 걸 안 콜레트는 크게 놀랐다. 어쩌면 자신도 빌 게이츠와 어깨를 나란히 하는 인물이 되었을지도 몰랐으니 말이다. 이런 생각이 들자 그날의 결정이 두고두고 후회가 되었다.

콜레트가 자신의 선택을 후회하는 것은 어쩌면 당연하다. 하지만 그는 자신의 삶에 대한 결정을 내렸고, 뒤늦게 후회해봤자 지나간 것은 되돌릴 수 없다. 과거의 일을 후회하느라 현재의 내 모습을 부정하는 것은 인생에 도움이 되지 않는다. 모든 일은 결국 과거가 된다. 지난날의 화려하고 고달팠던 순간들은 시간과 함께 사라지고, 그 시간 속에 쌓은 경험은 인생의 소중한 자산이 된다. 그러니 중요한 것은 현재를 충실히 사는 것뿐이다.

사람은 각자 그리는 삶의 모습이 다르고 가치관과 취향도 다르다. 누군가에겐 세계 최고의 기업을 이끄는 것이 삶의 목표지만, 누군가에겐 큰 스트레스 없이 평범하고 여유로운 삶을 사는 게 목표가 될 수도 있다. 빌 게이츠가 하버드 대학을 자퇴한 것은 자신에겐 원하는 삶을 살기 위한 당연한 선택이었지만 주변 사람들 눈엔 미친 짓처럼 보였을 수도 있다.

다른 이의 인생과 내 인생을 비교하며 자괴감에 빠지거나 부러워할 필요는 없다. 사람에겐 <u>누구나 각자 원하는 삶을 살아갈 권리가 있다</u>. 그저 내 마음이 이끄는 대로 살면 된다. 자신의 내면을 바라보고 내 모습을 있는 그대로 받아들이면 자신감이 생긴다. 그리고 다른 이의 삶이 아닌 내 삶에 집중함으로써 만족스러운 인생을 가꿔 나갈 수 있다.

(Point)

누구나 각자 원하는 삶을 살아갈 권리가 있다.

모든 일에 크게 마음 두지 않는 사람이
더 잘 사는 이유

니콜은 천성적으로 승부욕이 강하고 걱정도 많았다. 대입 시험을 보던 해에는 시험을 망칠까 봐 걱정한 나머지 몇 달을 밤을 새워 공부한 탓에 시험이 임박해 쓰러지고 말았다. 결국 그녀는 목표로 했던 대학에 들어가지 못하고 성적에 맞춰 입학했다.

대학을 졸업한 뒤엔 직장에 들어갔다. 니콜은 어떤 일이든 적극적으로 임했지만 마음과 달리 늘 결과가 좋지 않았다. 여러 번 실수하는 바람에 직장을 옮겼으나 새 직장에서는 정리해고 대상자가 되었다.

세월이 흘러 결혼도 했다. 니콜은 행복한 가정을 꿈꿨지만 실망스럽기만 했다. 남편의 적은 월급으론 먹고살기도 빠듯했다. 설상가상으로 남편은 그녀에게 점점 소홀해졌다. 부부는 다투며 이혼을 입에 올렸고, 이는 당연히 자녀의 학업에도 영향을 미쳐 집안 분위기가 항상 우울했다.

니콜에게는 평범한 행복과 즐거움이 멀리 있는 꿈처럼 보였다. 그녀는 항상 자신의 선택을 후회했고 그로 인해 마음이 망가졌다. 항상 열심히 살았는데 무엇이 문제일까? 인생은 정말 불공평한 것일까? 다른 이의 삶도 들여다보자.

올리비아는 니콜과 정반대 성향을 가졌다. 그녀는 늘 될 대로 되라는 식이었고 모든 일에 크게 마음에 두지 않았다. 대입 시즌에 다른 학생들은 모두 초조해하며 불안에 떨었지만 그녀는 평소처럼 잘 먹고 잠도 푹 잤다. 누군가 불안하지 않으냐고 묻자 올리비아는 이렇게 대답했다.

"초조해하면 뭐 하겠어요. 어쨌든 내가 할 수 있는 만큼 공부해 시험을 보고, 좋든 나쁘든 결과가 나오면 그에 맞게 대처해야죠."

시험 결과 그녀는 평소보다 좋은 성적을 받아 꿈에 그리던 대학에 들어갔다.

직장에 들어가서도 올리비아는 크게 달라지지 않았다. 동료들은 상사에게 잘 보여 승진하기를 바랐지만 올리비아는 잠자코 자기가 맡은 일을 즐겁게 했다. 그로부터 몇 년 뒤 그녀는 뛰어난 실무 능력을 인정받아 중책에 임명되었다.

올리비아의 친구들은 저마다 시집을 잘 가고 싶은 욕심에 상대를 까다롭게 골랐으나 그녀는 그런 것에 신경 쓰지 않았다. 올리비아는 조건을 따지지 않고 자상하고 평범한 남자와 결혼했다. 두 사람은 서로에게 힘이 되어 주며 열심히 살았고, 다른 친구들보다 빠르게 집을 마련하고 안정적인 경제 여건을 갖췄다.

올리비아는 완벽해지려고 애쓰지 않았기에 오히려 자신에게 다가온 도전들을 즐겼고 별 어려움 없이 성공도 이뤘다. 반면 니콜은 꼭 성공해야 한다는 부담감과 힘겨루기를 했다. 목표를 향해 돌진하는 추진력과 고집이 필요할 때도 있지만, 너무 지나치면 자신을 옭아매는 굴레가 될 수 있음을 기억해야 한다.

그렇다면 부담감을 어떻게 떨쳐낼 수 있을까? 답은 한 가지, 초연해지는 것이다. 인생에서 고비를 만나거나 도전에 직면했을 때 부담감에 짓눌려 쩔쩔매기보다는 태연자약한 편이 낫다. 사람은 평생 동안 많은 욕망을 품는다. 그중에는 내 노력으로 얻을 수 있는 것도 있고 그렇지 못한 것도 있다. 최선을 다하되 결과에 초연하면 마음이 홀가분해지고 매순간을 충실하게 보낼 수 있다. 그리하여 가슴에 품은 꿈에 한층 더 수월하게 다가갈 수 있으며, 혹시 목표를 이루지 못하더라도 행복한 인생을 거머쥘 수 있다.

(Point)

최선을 다하되 결과에 초연하자.

8강 ✕ 돌아서서 후회하지 않는 삶의 방식

하버드가 학생들에게 가르치는
후회를 대하는 법

토머스 칼라일은 《프랑스 혁명(The French Revolution)》으로 잘 알려진 영국의 작가이자 역사가다. 그런데 이 세계적인 명저의 탄생에는 비화가 있다. 마흔 살 되던 해, 칼라일은 긴 세월을 바쳐 완성한 《프랑스 혁명》의 초고를 절친한 친구인 존 스튜어트 밀에게 보여주려고 한걸음에 달려갔다. 밀은 당시 무명작가였던 칼라일과는 달리 명성이 자자한 경제학자이자 철학자였다. 칼라일은 그에게 자신의 첫 독자가 되어주길 부탁했다.

밀은 친구의 부탁을 들어주기 위해 모든 일을 뒤로 미뤘다. 그리고 조용한 서재에 틀어박혀 장장 나흘 동안 한 글자도 빠트리지 않고 꼼꼼하게 원고를 읽었다. 책장을 넘길수록 정말 대단한 작품이라는 생각이 들었다. 마지막 페이지까지 다 읽고 나자 주체할 수 없는 감동이 밀려와 원고를 책상 위에 두고 잠시 정원으로 나갔다. 그곳에서 밀은 이 위대한 저작이 가능한 한 빨리 사람들에게 주목받게 하려면 자신이 어떤 영향력을 발휘할 수 있을지 고심했다.

그때 불운이 닥쳤다. 밀이 서재를 나간 뒤 방 안에 불어온 바람 때문에 책상 위에 있던 원고가 바닥에 떨어졌다. 때마침 디저트를 가지고 들어온 하녀는 바닥에 흐트러져 있는 원고를 보고 밀이 폐지를 바닥에 버린 것으로 오해했다. 그래서 바닥의 종이들을 모두 주워 그대로 화로에 던져 넣어 버렸다.

뒤늦게 원고가 불탔다는 사실을 안 밀은 거의 졸도할 뻔했다. 그는 엄청난 고통과 죄책감을 안고 칼라일의 집으로 갔다. 그리고 도저히 입이 떨어지지 않는 불행한 소식을 그에게 알렸다. 칼라일은 너무 놀라 얼어붙고 말았다. 한참 동안 두 사람은 말이 없었다. 훗날 칼라일은 당시를 이렇게 회상했다.

"난 그날을 분명히 기억합니다. 그때 밀은 마치 귀신처럼 창백한 낯빛을 하고는 놀라고 미안한 마음에 제대로 서 있지도 못했죠. 그가 느낀 고통은 그처럼 강렬했습니다. 거꾸로 내가 그를 위로해야 할 정도였어요."

충격에서 깨어난 칼라일은 죄책감에 몸 둘 바를 모르는 친구에게 입을 열었다.

"괜찮네. 너무 고통스러워하지 말게. 처음부터 다시 쓰기로 이미 결심했으니까 말이야."

처음부터 다시 쓴다는 것이 어디 말처럼 쉬운 일일까? 작가로서 이미 완성한 원고를 오롯이 기억에만 의지해 다시 쓰는 건 새로운 책을 쓰는 것보다 훨씬 힘들고 고통스러운 일이다.

그러나 칼라일은 남다른 의지로 극심한 정신적 고통을 견디며 수개월 만에 기어이 원고를 다시 완성했다.

칼라일이 원고를 다시 완성했다는 소식을 전해 들은 밀은 칼라일 본인보다 더 기뻐했고, 마침내 고통과 죄책감에서 벗어났다. 기쁨에 겨운 밀이 칼라일에게 물었다.

"자네가 얼마나 어렵고 힘들게 완성했을지는 충분히 상상이 가네. 그런데 대체 어디서 그런 굉장한 힘이 나왔나?"

칼라일이 대답했다.

"이보게, 친구. 이미 일어난 일은 우리가 손쓸 도리가 없지만 그 일이 삶에 미칠 영향은 우리 힘으로 바꿀 수 있지 않은가."

이미 벌어진 일은 아무리 후회한들 결과에 어떤 영향도 주지 못한다. 그럴 때는 할 수 있는 일을 찾아 알맞은 조치를 취해야 한다. 만약 손쓸 도리가 없는 일이라면 손해를 최대한 줄이기로 마음먹어야 한다.

하버드 대학에서는 최고의 엘리트를 배출하기 위해 학생들이 결정력을 키울 수 있도록 훈련한다. 학생들이 여러 선택지 앞에서 가장 현명한 결정을 내리도록 돕는 것이 이 훈련의 목적이다. 이 훈련 중 하나는 만약 잘못된 선택을 하더라도 그로 인해 입게 될 손해를 절대 따지지 않는 것이다. 그리고 잘못을 통해 배울 점을 정리한 뒤에 실패를 딛고 일어나는 것이다. 이렇게 훈련하는 이유는 단순하다. 후회하느니 잘못을 만회하고 교훈을 얻는 편이 낫기 때문이다.

그러니 후회하는 것은 이제 그만두자. 칼라일이 4년이라는 시간 동안 세상과 단절된 상태로 완성한 《프랑스 혁명》이 불타버렸다는 청천벽력과 같은 소식에 좌절해 주저앉았다면, 그 명저는 후대에 전해지지 못했을 것이다. 이미 지나간 일로 후회하느라 시간을 낭비하지 말고 지금 내가 할 수 있는 일을 하자.

Point

잘못된 선택을 하더라도 그로 인해 입게 될 손해를
절대 따지지 말자.

삶이 그대를 속일지라도
슬퍼하지 말아야 하는 이유

미국의 배우이자 세계적인 섹시 심벌이었던 마릴린 먼로는 "당신이 나의 가장 악한 면을 견디지 못한다면 나의 가장 선한 면도 받아들이지 못할 거예요."라는 말을 남겼다. 그녀의 말처럼 사람에게는 선한 면과 악한 면이 공존한다. 그리고 우리 인생에도 해가 비치는 날과 비가 오는 날이 동시에 존재한다. 인생의 날씨는 변화무쌍하다. 그런데도 우리는 행복한 일만 일어나기를 바란다.

삶에는 생로병사나 뜻밖의 사고, 재난처럼 내 힘으로 해결하거나 바꿀 수 없는 것들이 무척 많다. 그럴 때면 우리는 막막해진다. 우리가 뭘 더 할 수 있을까? 삶이 가져다준 것들을 바꿀 수 없다면 받아들이는 편이 낫다. 그것을 원했든 원하지 않았든 결국 마주해야 한다는 사실엔 변함이 없기 때문이다. 삶은 우리 바람대로만 흘러가지 않는다. 그러니 내 힘으로 어쩔 수 없는 일과 이미 일어난 일의 결과로 인해 근심하지 말자.

한 여행자가 마침 날이 어둑어둑해져 근처 여관에서 묵기로 했다. 그는 다음 날 날씨가 여행 일정에 영향을 줄까 봐 걱정스러웠다. 그래서 여관 식당 구석에 앉아 있던 노인에게 다가가 물었다.

"내일 날씨가 어떨까요?"

노인은 점잖은 몸짓으로 자리에서 일어나 창문 너머로 하늘을 올려다보았다.

"틀림없이 내가 좋아하는 날씨일 것 같소."

여행자는 자기가 원하는 대답이 나오지 않자 다시 물었다.

"내일 날씨가 화창할까요?"

노인은 모르겠다는 듯 고개를 저었다. 여행자가 실망스러운 얼굴로 말을 이었다.

"그럼 내일은 흐리고 비가 오겠군요."

노인은 이번에도 고개를 저었다.

"내일 날씨를 모른다면서 선생님이 좋아하는 날씨라는 건 어떻게 아시죠?"

여행자의 볼멘소리에 노인이 미소를 지으며 대답했다.

"나는 날씨의 변화를 내 힘으로 어쩔 수 없다는 걸 진작부터 알고 있었소. 날씨가 어떨지 전혀 짐작할 수 없다는 말이오. 그래서 어떤 날씨든 무조건 좋아하기로 했다오."

우리는 일이 뜻대로 되지 않을 때 좌절하고 누군가를 원망한다. 하지만 그래봤자 아무것도 바뀌지 않는다. 세계 최고의 부자로 손꼽히는 빌 게이츠는 세상은 원래 불공평하므로 그 사실에 적응해야 한다고 했다. 불공평한 일은 우리 삶 곳곳에 존재한다. 그것을 공평하게 바꾸고자 하는 것은 혼자 힘으로 불가능한 경우가 많다. 또 그런 노력을 할 때 심한 고통과 좌절감을 느끼게 된다.

사람들은 베토벤처럼 운명과 맞서 싸우려고 한다. 그런 노력은 물론 훌륭한 것이다. 하지만 부딪혀 본 뒤 별 성과가 없다면 현실을 받아들이는 것이 좋다. 내 힘으로 바꿀 수 없는 일을 인정하고 받아들이는 것도 용기다.

삶이 내 뜻대로 되지 않아 우울할 때 현명하게 대처하는 방법은 그 사실에 적응하려고 노력하는 것이다. 눈앞에 펼쳐진 상황을 모르는 체하거나 부정할 수도 없으니 말이다. 러시아의 작가 알렉산드르 푸시킨은 우리에게도 친숙한 시 〈삶이 그대를 속일지라도〉를 통해 사람들에게 이렇게 충고했다.

"삶이 그대를 속일지라도 슬퍼하거나 노여워하지 마라. 우울한 날을 참고 견디면 기쁨의 날이 오리니."

이런 마음으로 살다 보면 언젠가 또 다른 기회가 선물처럼 나타날 것이다.

$$\boxed{\text{Point}}$$

내 힘으로 바꿀 수 없는 일을 인정하고 받아들이는 것도 용기다.

8강 ✳ 돌아서서 후회하지 않는 삶의 방식

좌절감을 극복하는

일곱 가지 열쇠

하버드 대학에서 회자되는 격언 중에 이런 말이 있다.

"두려움 때문에 주저하지 않고 계속 앞으로 나아가는 것이

두려움을 물리치는 최선의 방법일 때도 있다."

사람은 좌절을 겪으면 다시 나아가길 두려워한다.

힘든 순간에도 "괜찮아. 별일 아니야."라며 웃어보자.

정말 모든 것이 괜찮게 느껴진다.

사람들은 좌절하는 것을 두려워하지만,

좌절 또한 용기 있는 사람을 두려워한다는 걸 알고 있는가?

두려움에 발목 잡히지 않고 계속 앞으로 나아가는 사람의

인생은 결코 시시하지 않다.

우리는 언젠가 그를 가장 높은 곳에서 볼 수 있을 것이다.

운명에 굴복할 것인가,
운명의 목을 조를 것인가?

사람은 평생 동안 크고 작은 좌절을 겪으며 살아간다. 좌절은 한 사람의 인생에 던져진 도전과 시험이다. 영국의 철학자 프랜시스 베이컨은 "자연을 초월하는 기적은 대부분 역경을 극복하는 과정에서 일어난다."라고 했다. 그의 말처럼 좌절을 대하는 태도가 중요하다. 긍정적인 마음으로 좌절을 대하면 좌절에도 새로운 의미를 부여할 수 있다.

위대한 음악가 베토벤은 오늘날까지도 회자되는 많은 작품을 창작했다. 하지만 그의 삶은 결코 평탄하지 않았다. 그럼에도 베토벤이 웃을 수 있었던 이유는 기어코 자신의 인생을 화려하게 마무리했기 때문이다.

베토벤은 궁정 테너 가수였던 아버지의 지도하에 네 살 때부터 피아노를 배웠고 플루트, 바이올린, 비올라 등을 폭넓게 공부했다. 그는 각지를 돌아다니며 지식을 쌓고, 체계적인 음악 교육을 받으며 재능을 발전시켰다. 그런데 뜻밖에 찾아온 불행과 충격이 그를 덮쳤다. 스물일곱 살이 되던 해에 청력에 문제가 생긴 것이다. 게다가 증상이 날로 악화되어 그의 음악적 생명은 심각하게 위협받았다. 중년에 이르러 베토벤은 청력을 완전히 상실했다. 비록 귀가 들리지 않았지만 그는 굳게 맹세했다.

"나는 운명의 목을 조를 것이며, 운명은 결코 나를 굴복시키지 못할 것이다."

이렇게 단단하고 비장한 의지가 있었기에 베토벤은 모든 이의 찬탄과 존경을 받는 음악가가 될 수 있었다. 베토벤은 평생 단 한 순간도 자신의 음악적 이상을 포기하지 않았다. 쉼 없이 노력과 정성을 기울여 〈월광 소나타〉, 〈교향곡 제2번〉, 〈크로이처 소나타〉, 〈교향곡 제3번〉, 〈발트슈타인 소나타〉, 〈열정 소나타〉 등의 작품을 창작했고 '교향악의 왕'으로 불렸다.

"천재는 1퍼센트의 영감과 99퍼센트의 노력으로 이루어진다."

에디슨이 남긴 대단히 의미 깊은 명언이다. 내가 바라는 대로 행복과 성공, 기쁨을 성취하려면 노력이 필요하며 특히 좌절을 겪을 때 쉽게 포기해선 안 된다. 어떻게 하면 좌절 앞에 쓰러지지 않고 다시 일어설 수 있을까? 다음과 같이 생각을 전환해 보자.

성취는 좌절을 극복하는 과정이다

좌절과 고난이 꼭 나쁜 것만은 아니다. 삶이 항상 편안하고 한가롭다면 현실에 안주하게 되지만, 고통과 시련은 삶을 이전과 다른 시야로 보게 하고 우리를 더욱 강하고 성숙하게 한다. 일을 성취하는 과정은 곧 좌절을 극복하는 과정이다. 좌절의 긍정적인 작용은 그 과정에서 의지를 단련하고 창의력과 지혜를 키울 수 있다는 점이다. 또 시련을 극복하는 경험을 토대로 자신을 변화시키고 삶을 조율함으로써 많은 것을 배우게 한다.

좌절은 내 인생을 한 단계 업그레이드시킨다

어려움에 처했을 때는 먼저 원인을 찾아야 한다. 나의 잘못이 원인이든 외부 사건이 원인이든 간에 문제는 언제라도 발생할 수 있다. 이때 원인을 파악해 문제를 적극적으로 해결해야 역경을 돌파할 수 있다. 나폴레옹은 "성공이 머지않을 때가 가장 힘든 순간이다."라고 했다. 좌절 역시 삶이 우리에게 주는 선물 중 하나다. 좌절에 맞설 때 분발하는 마음이 생기고, 이것이 한 사람의 인생을 업그레이드시키기 때문이다.

Point

일을 성취하는 과정은 곧 좌절을 극복하는 과정이다.

어떻게 해야 '역경지수'를 높일 수 있을까?

인생에서 겪는 모든 역경이 불행은 아니다. 젊은 시절의 역경은 인생 전반에 걸쳐 보자면 행운에 가깝다. 고난과의 싸움은 여린 마음을 굳세게 단련시키고 나중에 닥칠 더 치열한 경쟁을 위한 풍부한 밑거름이 된다. 어느 철학자의 다음과 같은 말처럼 말이다.

"가장 고운 꽃송이는 가장 어두운 곳에서 피고, 가장 위용 있게 우뚝 선 나무는 항상 가장 험준한 바위에 뿌리를 내린 채로 하늘을 우러러본다."

살다 보면 뜻대로 되지 않는 일이 많다. 그리고 이럴 때 보이는 반응은 사람마다 다르다. 좌절을 경험한 적이 없는 사람은 내 마음과는 다르게 흘러가는 상황 앞에서 격렬한 반응을 보인다. 반면에 한 번이라도 좌절을 경험한 사람은 차분하게 상황을 극복해 나간다.

심리학에는 '욕구좌절 인내성(Frustration Tolerance)'이라는

9강 ✕ 좌절감을 극복하는 일곱 가지 열쇠

말이 있다. 이는 좌절을 견뎌내는 능력을 가리키며, 그 능력의 정도는 한 사람의 경험 및 의지와 관련이 있다. 욕구좌절 인내성이 높은 사람은 어려움이 있어도 감정의 동요가 적고 쉽게 포기하거나 좌절하지 않는다.

하버드 대학 의학자들이 65~75세 노인을 대상으로 조사한 결과, 정신력이 강한 사람이 정신적인 피로도가 높은 사람보다 평균 4.8세를 더 사는 것으로 나타났다. 이른바 '정신력이 강한' 사람은 다음 세 가지 유형으로 구분된다.

- 어떤 일을 완수하는 것을 목표로 살아가는 사람
  ― 이런 사람은 나이가 들어도 스스로 젊다고 여기며 삶을 열정적으로 살아간다.
- 나에게 주어진 책임을 다하는 것이 목표인 사람
  ― 이런 사람은 자식과 배우자를 충실하게 돌보고 맡은 바 일에서 최고의 성과를 거두기 위해 노력한다.
- '심리 저항력'이 강한 사람
  ― 이런 사람은 병에 걸려도 금방 회복한다. 욕구좌절 인내성도 강하다.

욕구좌절 인내성이 강한 사람일수록 정신력이 강해서 성공할 확률도 높아진다. 이런 사람은 감성지수(EQ)도 높다. 이와 관련하여 한 전문가는 '역경지수(AQ)'라는 개념을 제시했다. 역경지수는 역경에 굴하지 않고 불리한 상황을 유리하게 바꿔 목표를 성취하는 능력을 지수화한 것이다.

어느 산속에 장작을 패서 생계를 꾸리는 나무꾼이 살았다. 그는 오랜 고생 끝에 비바람을 막아줄 집을 한 채 지었다. 하루는 나무꾼이 장작 한 짐을 메고 도시로 팔러 나갔다. 저녁 무렵에 돌아오는데 멀리 보이는 자신의 집이 활활 불타고 있었다. 나무꾼은 깜짝 놀라 집을 향해 뛰었다. 이웃 주민들이 불을 끄려고 애쓰고 있었지만 바람이 너무 세서 불길이 잡히지 않았다. 나무꾼은 거센 불길이 집 전체를 집어삼키는 광경을 그곳에 모인 사람들과 함께 마냥 지켜볼 수밖에 없었다.

불이 사그라진 뒤 나무꾼은 막대기 하나를 손에 들고 무너진 집 안으로 들어가 무언가를 찾기 시작했다. 이웃들은 나무꾼이 집 안에 숨겨둔 귀한 보물을 찾는다고 여겨 호기심 가득한 눈으로 그를 주시했다. 한참이 지나서야 나무꾼이 흥분한 목소리로 "찾았다! 찾았어!" 하고 외쳤다. 이웃들이 다가가 살펴보니 그의 손에 들린 것은 뜻밖에도 도끼머리였다. 지켜보던 사람 중 하나가 "보물도 아닌데 뭘 그렇게 좋아하시오?" 하고 묻자 나무꾼은 손에 든 막대기를 도끼머리에 끼워 도끼를 완성하고는 자신만만하게 말했다.

"비록 집은 다 타 버렸지만 이 도끼만 있으면 더 튼튼한 집을 지을 수 있지 않소."

나무꾼은 욕구좌절 인내성이 대단히 강한 사람이다. 그는 재난을 겪었음에도 고통에 빠져들지 않았다. 이런 사람에게는 재난이 좌절하고 무너질 이유가 되지 않는다. 오히려 힘차게 일어서는 동력으로 작용한다. 그렇다면 어떻게 해야 '역경지수'를 높일 수 있을까? 역경에 대응하는 능력은 제어, 수용, 확장, 인내의 네 가지 요소로 구성된다.

- 제어: 스스로 상황을 바꿀 수 있는 능력
- 수용: 나쁜 결과를 감당할 수 있는 능력
- 확장: 문제의 심각성이 다른 방면에 미칠 영향에 관한 평가
- 인내: 문제의 지속성 및 문제가 자신에게 미칠 영향의 지속 시간에 관한 인식

역경지수를 높이려면 이 네 가지 요소를 잘 조절하여 문제가 발생할 때마다 다음과 같이 생각해야 한다.

- 이 문제로 인해 가까운 시일 내에 어떤 결과가 나타날까?'
- 이 필연적인 결과에서 내가 바꿀 수 있는 부분이 있다면 무엇일까?'
- 어떻게 하면 문제가 더 커지는 걸 방지할 수 있을까?'

번거로운 일이나 어려움이 생겼을 때 위와 같이 생각을 정리하면 불필요한 두려움을 줄일 수 있다. 그와 더불어 적절하게 대처함으로써 사태의 진전을 막고 빠르게 역경을 극복할 수 있다. 좌절감은 대부분 외부 세계에 대한 두려움에서 비롯된다. 좌절로 생긴 근심도 두려움의 일종이다. 그러므로 마음

이 동요하지 않아야 자신감이 강해지고 풍랑에 넘어지지 않는다. 인생이란 부단히 노력하는 가운데 희망을 싹틔우고 행복에 다가가는 과정이라는 것을 명심하자.

Point

'욕구좌절 인내성'이 강한 사람이 되자.

9강 ✳ 좌절감을 극복하는 일곱 가지 열쇠

나는 어떤 태도로 좌절을 대하는가?

세계적인 고고학자 하인리히 슐리만은 젊은 시절에 한 유명 여배우를 사랑했다. 그는 자신의 가난이 사랑을 가로막는 큰 산이라고 여겼기에 경제적 기반을 다진 뒤 청혼할 계획을 세웠다. 그런데 그가 가까스로 재산을 조금 모았을 때는 이미 여배우가 다른 사람과 약혼한 뒤였다.

실패한 사랑으로 인해 심한 고통을 느꼈지만 그 때문에 슐리만의 삶이 무너지진 않았다. 그는 더욱 굳건한 의지로 사업에 몰두했다. 슐리만은 무역으로 큰돈을 벌었고 사업은 나날이 번창해 순식간에 세계적인 거부가 되었다. 그럼에도 그는 전혀 나태해지지 않았고, 고대 그리스어와 라틴어를 열심히 공부하며 어릴 때부터 품었던 꿈을 이루기 위해 노력했다. 그 꿈은 트로이 유적을 발굴하는 것이었다. 마흔두 살이 되던 해, 슐리만은 마침내 트로이 유적을 발굴하기 위한 대대적인 준비를 마치고 사람들 앞에서 이렇게 말했다.

"난 이미 누구보다 많은 재산을 지니고 있고 바라던 것을 모두 이뤘습니다. 하지만 한순간도 트로이 유적을 잊은 적이 없습니다. 언젠가 반드시 유적 발굴의 목표를 이루겠다고 굳게 다짐했죠. 이제 나의 남은 인생과 재산을 어린 시절 꿈을 이루는 데 바치겠습니다."

그리고 그는 감정에 북받쳐 몇 마디 덧붙였다.

"이 자리에 서기까지 말로 다 할 수 없을 만큼 어려운 일이 많았습니다. 하지만 저는 모든 실패와 어려움을 이를 악물고 버텨냈습니다. 그리고 지금 제 인생의 가장 원대한 꿈이 이루어지기를 간절히 바라고 있습니다."

결국 슐리만은 1873년 트로이와 미케네 유적지를 발굴했고, 이로써 호메로스의 고대 그리스 이야기가 실제로 존재했던 역사적 사실로 판명되었다. 그는 자신의 꿈을 이루었을 뿐 아니라 세계 고고학사에 눈부신 업적을 남겼다.

슐리만은 사랑과 사업에서 좌절을 겪을 때도 있었지만 자신의 꿈을 소중하게 여기며 노력을 게을리하지 않았다. 그 결과 마침내 어마어마한 부를 얻고 자신의 꿈도 성취했다. 슐리만처럼 의지가 강할수록 욕구좌절 인내성도 강해진다.

진정한 성공이란 성공 자체가 아니라 역경을 극복하기 위해 꾸준히 노력하는 정신이다. 이런 까닭에 성격이 운명을 결정짓는다고도 한다. 의지가 강한 사람은 시련이 와도 쓰러지지 않고 오히려 더 용감하게 도전하여 큰일을 이루어 낸다. 의지가 강한 사람에게 좌절감은 티끌만 한 상처도 남기지 못한다.

프랑스의 유명한 작가 귀스타브 플로베르는 시련 앞에 선 우리를 이렇게 위로했다.

"인생에서 가장 빛나는 날은 성공한 날이 아니라, 슬픔과 절망 속에서도 도전하는 마음과 열정이 일었던 바로 그 순간입니다."

Point

진정한 성공이란 역경을 극복하기 위해
꾸준히 노력하는 정신이다.

'괜찮아'라는 마법의 주문

하버드 대학의 심리학 교수가 종강하는 날 학생들에게 이렇게 말했다.

"여러분에게 세 글자로 된 잠언을 한 마디 선사하려고 합니다. 그것은 바로 '괜찮아'입니다. 어려운 일을 겪을 때 자신에게 이 말을 들려주면 마음을 편안하게 하는 데 도움이 될 겁니다."

힘들 땐 '괜찮아'를 종이에 또박또박 적어보자. 이 말은 좌절감과 실망으로 어지러운 마음을 어루만져 준다. 종이가 없다면 자신에게 속삭이듯 말해주자. 당신의 축 처진 어깨를 토닥이며 기운을 북돋워줄 것이다. 살다 보면 사랑에 실패할 수도 있고 무심결에 한 행동으로 인해 비난받을 수도 있다. 또 운이 나빴다고밖에 표현하지 못할 일들도 생긴다. 그럴 땐 너무 심각해지지 말고 "괜찮아."라고 되뇌자.

줄리아는 잘생기고 똑똑하고 매력적인 그야말로 완벽한 남자에게 한눈에 반했다. 그녀는 자기가 꿈꾸던 백마 탄 왕자님을 드디어 만났다고 확신했다. 하지만 남자는 줄리아의 고백을 거절하며 "난 너랑 편한 친구로 지내고 싶어."라고 했다.

'왜 내 운명의 상대가 나를 알아보지 못하지?'

줄리아는 눈물이 났다. 마음의 상처를 입고 실망한 그녀에게 가장 친한 친구와 엄마는 이렇게 말했다.

"괜찮아. 세상엔 그 사람 말고도 좋은 남자가 널렸어."

"괜찮아. 진정하렴. 너의 진가를 알아봐주는 남자가 분명히 있을 거야."

줄리아는 처음엔 그 말이 귀에 들어오지 않았다. 그리고 전혀 괜찮지 않았다. 하지만 시간이 흐르면서 자기가 그 사람 없이도 잘 살아가고 있음을 깨달았다. 더 멋진 사람을 만날 수 있으리란 확신도 생겼다. 얼마 후 그녀는 정말로 연애를 시작했다. 줄리아는 친구와 엄마가 들려준 말처럼 어려운 순간을 조금만 견디면 곧 모든 것이 괜찮아진다는 걸 알게 되었다.

인생이라는 흐름을 타고 내려가다 보면 잔잔한 곳도 지나고 험한 급류도 지난다. 지금 지나는 급류가 영원히 지속되는 건 아니다. 곧 다시 잔잔한 흐름과 만나게 된다. 지금 나를 고통스럽게 하는 일들도 언젠가는 다 지나갈 테니 너무 애태우거나 좌절감에 빠지지 말자.

젊을 땐 작은 실패에도 세상이 무너지는 듯한 충격을 받는다. 시험을 망쳤거나 남한테 싫은 소리를 들으면 신경이 쓰여 잠도 잘 오지 않는다. 하지만 우리가 걱정하는 대부분의 일들은 복잡하게 꼬이고 부풀려져 있다. 냉정하게 살펴보면 머릿속으로 상상한 것처럼 그렇게 대단한 일도 아니다. 그러니 어려움이 닥치면 걱정부터 하는 대신 편안하게 심호흡하며 "괜찮아."라고 속삭여 보자. 그 한마디에 에너지와 용기가 생길 것이다.

Point

힘들 땐 '괜찮아'를 종이에 또박또박 적어 보자.

링컨과 같이 성공의 임계점에 도달하려면

물은 99도에서는 끓지 않는다. 임계점인 100도에 도달하지 못했기 때문이다. 1도는 아주 작은 차이에 불과하지만 물을 끓게 하려면 반드시 100도까지 도달해야 한다. 성공한 사람이 되느냐, 실패한 사람이 되느냐 역시 작은 차이에 의해 결정된다. 성공한 사람은 실패한 사람과 달리 넘어졌을 때 기어이 다시 일어난다. 미국의 제16대 대통령이자 남북전쟁에서 북군을 이끌어 노예를 해방한 에이브러햄 링컨이 바로 그런 사람이다. 백 번 넘어지면 백 번 일어났던 이 불굴의 사나이의 이야기를 들어보자.

1832년 링컨은 주 의원 선거에 도전했으나 안타깝게도 경선에서 떨어지고 말았다. 그런 뒤 개인 사업을 벌였지만 1년도 채 되지 않아서 파산했다. 그 이후로 17년 동안 그는 파산 당시에 졌던 빚을 갚기 위해 갖은 고생을 했다.

그러다 주 의원 경선에 재도전하기로 마음먹었고 마침내 당선되었다. 링컨의 마음에도 작은 희망이 싹트기 시작했다. 그는 드디어 자신이 삶의 전환기를 맞이했다고 여겼다.

1835년 사랑하는 여인과 약혼했지만 결혼을 몇 개월 앞두고 약혼녀가 세상을 떠났다. 당시 링컨이 받은 정신적 충격은 상상할 수 없을 정도였다. 몇 달 동안 침대에서 일어나지도 못했던 그는 1836년 신경쇠약증 진단을 받았다.

1838년 링컨은 건강이 회복되었다고 판단하고 주 의회 의장 경선에 출마하며 재기에 나섰다. 그러나 뜻밖에도 낙선했다. 1843년 미국 국회의원 선거에 출마한 그는 또다시 실패했다.

링컨은 마음먹은 일에 꾸준히 도전했지만 번번이 실패를 맛봤다. 사업은 파산했고, 약혼녀는 세상을 등졌고, 선거는 패배했다. 그렇지만 집념이 강한 그는 포기하지 않았고 '실패하면 어쩌지?' 하는 생각도 하지 않았다. 1846년 국회의원 선거에 다시 도전한 링컨은 마침내 당선이라는 성과를 거두었다.

임기 2년이 금방 지나가고 연임을 결정할 때가 되었다. 링컨은 자신이 국회의원의 임무를 훌륭하게 잘 수행했다고 여겼고, 유권자들도 당연히 그를 계속 지지해 줄 것이라고 믿었다. 그렇지만 유감스럽게도 연임에 실패했다. 게다가 경선 실패로 큰돈을 밑지기까지 했다.

링컨은 주 정부의 토지 관리 직책에 지원했지만 정부는 그의 지원을 반려했다. 그 이후로도 그는 잇달아 실패했다. 1854년에는 상원의원 선거에 출마하여 낙선했다. 2년 뒤에는 미국 부통령 선거에 후보로 이름을 올렸지만 상대 후보에게 참패를

9강 ✳ 좌절감을 극복하는 일곱 가지 열쇠

당했다. 또 2년이 지나 상원의원 선거에 재도전했지만 역시나 낙선했다. 이처럼 실패를 거듭하는 속에서도 그는 항상 자신의 목표를 견지했고 자신의 삶을 스스로 만들어 나갔다. 그리고 1860년 마침내 미국 제16대 대통령에 당선되었다.

자신의 꿈이 계속 좌절되는데도 끈기 있게 노력하기란 결코 쉽지 않다. 따라서 큰일을 이루고 싶다면 실패를 감당하고 다시 일어서려는 마음자세를 먼저 갖춰야 한다. 많은 사람이 성공의 목전까지 갔다가 지쳐 되돌아온다. 하지만 99도와 100도의 온도는 분명히 다르다. 물이 끓으려면 1도가 더 필요한 것처럼, 좌절감을 극복하고 다시 앞으로 나아갈 때 비로소 성공의 임계점에 도달하게 된다.

링컨은 선거에서 낙선했을 때 곧바로 음식점으로 달려갔다고 한다. 그는 맛있는 음식을 배불리 먹고 나서 이발소로 가서 머리를 다듬고 기름을 발랐다. 그리고 아무도 자신을 실패한 사람으로 여기지 않도록 힘차게 걸었다. 실패를 경험한 뒤자신을 추스르고 곧바로 일어나 다시 도전하는 링컨의 모습은 작은 실패에도 쉽게 포기하고 그동안의 노력을 물거품으로 만드는 우리에게 생각할 거리를 제공한다.

Point

99도와 100도의 온도는 분명히 다르다.

어떤 변명도 하지 말고 방법을 찾아라

"아침 일찍 일어나서 나왔는데 길이 막혀서 늦었지 뭐예요."

"이번 주는 너무 더워서 운동을 할 수가 없었어. 체중이 늘어도 어쩔 수 없지."

"시험을 망친 건 다 톰 때문이야. 놀러 가자고 어찌나 조르던지."

어떤 일을 할 때 문제가 생기거나 기대에 못 미치는 결과가 나오면 변명부터 하는 사람들이 있다. 그런 사람들은 잘못을 감출 핑계를 찾으며 모든 책임을 회피하는 삶을 살게 된다.

미국 웨스트포인트 사관학교의 변함없는 행동 준칙은 '변명하지 마라'다. 이곳에서는 자신의 임무를 마땅히 받아들여 완수해야 하고, 설령 합리적으로 들리는 변명일지라도 완수하지 못한 일에 대해선 변명을 늘어놓지 않아야 한다. 이것이 웨스트포인트 사관학교에서 생도들에게 줄곧 강조하는 개념이다.

미국의 그랜트 장군은 내전을 승리로 이끌어 유명세를 얻은

9강 ✕ 좌절감을 극복하는 일곱 가지 열쇠

인물로, 훗날 미국의 제18대 대통령으로 당선되었다. 그런데 그처럼 성공한 사람이 한때 인생을 포기하고 폭음을 일삼았다는 사실은 잘 알려져 있지 않다. 날마다 술독에 빠져 살아온 그가 국가 권력을 장악한 미국 대통령이 되기까지의 인생 궤적은 여간 놀라운 것이 아니다. 그런 까닭에 그는 자신의 모교인 웨스트포인트 사관학교를 방문할 때마다 생도들에게 뜨거운 환영을 받았다. 그랜트가 대통령이 된 이후 모교를 찾았을 때 한 학생이 대담하지만 정중하게 물었다.

"대통령님, 웨스트포인트 사관학교는 대통령님께 어떤 정신을 심어주며 과감히 앞으로 나아가라고 했습니까?"

그랜트가 웃으며 대답했다.

"어떤 변명도 하지 않고."

우렁차고 단호한 그의 대답에 학생들은 한마음으로 호응하며 큰 박수를 보냈다. 이때 질문했던 학생이 연이어 또 다른 질문을 던졌다.

"만약 전쟁에 패했다고 가정할 때, 실패에 대한 변명을 반드시 해야만 한다면 어떻게 하시겠습니까?"

날카로운 질문이었다. 대통령의 말 한마디, 행동 하나하나가 모두 매스컴을 통해 확산될 뿐만 아니라, 그곳에 있는 학생들에게 영향을 줄 수 있기 때문에 그랜트는 신중하게 생각했다. 모두가 대답이 나오기를 기다리며 대통령을 바라보자 그가 미소 지으며 대답했다.

"내 유일한 변명은 늘어놓을 변명이 없다는 겁니다."

모두가 성공을 갈망한다. 하지만 성공으로 가는 길을 걷다 보면 풍랑과 폭우의 습격을 받게 마련이다. 이때 도망치지 않고 기꺼이 어려움을 감수하겠는가? 아니면 달아날 핑계와 변명을 찾겠는가? 대다수의 사람이 후자를 선택하고 그래서 실패한다.

4년마다 돌아오는 올림픽을 개최하기 위해 세계 여러 나라가 경쟁한다. 올림픽 개최를 통해 경제를 발전시키고 국가 위상을 드높일 수 있기 때문이다. 그런데 과거에는 이와 반대로 적자가 날 것을 염려해 올림픽 개최를 희망하는 나라가 없었다. 거의 모든 나라가 자국에서 올림픽이 개최되는 걸 피하려고 별의별 핑계를 다 댔다. 그러다가 1984년 미국 로스앤젤레스에서 개최된 올림픽을 계기로 상황이 달라졌다. 미국이 올림픽을 개최한 뒤 적자는커녕 오히려 수억 달러의 수익을 거두었기 때문이다. 다들 기적이 일어났다고 할 정도였다. 올림픽을 통해 이 같은 성과를 일군 핵심 인물은 사업가 피터 위버로스였다.

위버로스는 올림픽을 향한 세계인의 열정을 관찰하여 기업과 사회의 관계를 거시적인 관점에서 날카롭게 숙고했다. 그리고 최종적으로 대담한 결론을 내렸다. 바로 올림픽 실황 중계권을 저렴하게 판매하기로 한 것이다. 그는 중계권료를 적게 받으면 방송사 간에 경쟁이 치열해져 판매가가 급등할 것으로 내다봤다. 아니나 다를까 그의 예측은 적중했고 위버로스는 중계권 판매로만 수억 달러의 수익을 올렸다. 로스앤젤레스 올림픽은 대성공을 거두었고, 이를 계기로 위버로스는 유명 인사가 되었다. 그는 지난날을 돌아보며 감회에 젖어 말했다.

"세상일은 궁리만 잘하면 어떻게든 헤쳐 나갈 수 있습니다. 고생을 겁내지 않는다면 해결 방법은 존재합니다."

문제가 생기거나 도전적인 과제에 직면했을 때, 왜 할 수 없는지 그 이유를 찾기보다는 적극적으로 문제를 해결하려고 노력해야만 성공할 수 있다. 위버로스의 말처럼 용기 있게 마주하기만 하면 헤쳐 나갈 방법을 찾을 수 있고, 자신의 인생 또한 바꿀 수 있다.

빌 게이츠는 "훌륭한 직원은 동정을 구하듯이 변명을 한 보따리 내놓으며 둘러대지 않는다. 그들은 머리를 쓸 줄 알고 고객을 만족시킬 방법을 찾을 줄 안다."라고 했다. 도전에 적극적으로 맞서는 태도는 한 사람에게 잠재된 지혜를 이끌어낸다. 할 수 있다는 생각으로 방법을 찾으면 하늘이 무너져도 반드시 솟아날 구멍이 생긴다.

Point

용기 있게 마주하기만 하면 헤쳐 나갈 방법을 찾을 수 있다.

우리가 두려워해야 할 것은 두려움 그 자체다

인간의 자율적 반응인 공포는 원시시대부터 인류의 신경계통에 각인되었다. 공포는 생사와 관련된 위험에 처했을 때 사람들에게 그 사실을 일깨워주고, 수시로 경계심을 갖게 하여 자신을 보호하게 한다. 이는 모두 본능이 자신을 위험한 지경에 빠지지 않도록 작용한 결과다.

두려움을 포함한 원시적인 감정은 인류를 다양한 위험들로부터 오랫동안 지켜주었다. 하지만 이 시대와 함께 진화하진 못했다. 일부 감정들은 시대적으로 더 이상 필요하지 않은데도 여전히 신경을 장악하고, 우리의 판단을 가로막는 장애물로 작용하는 경우가 있기 때문이다.

"이건 위험해." 또는 "이건 안전해."와 같이 어떤 상황이나 대상에 대한 반응은 우리의 이성적인 판단과 경험만을 근거로하지 않는다. 멀리 아득한 선조들의 메아리에서부터 전해지는 공포심도 판단의 근거가 된다. 공포는 종종 이성적인 탐색을

9강 ✳ 좌절감을 극복하는 일곱 가지 열쇠

마비시켜 우리를 곤경에 빠뜨린다. 철도회사 배차원인 닐의 사건도 그런 경우다.

닐은 모든 일에 성실하게 책임을 다하는 사람으로 정평이 나 있었다. 그런 그에게도 한 가지 단점이 있었는데, 바로 인생을 항상 비관적이고 부정적인 시각으로 본다는 것이었다. 어느 날, 닐은 실수로 기차 안의 냉장고에 갇히고 말았다. 그는 고함을 지르며 냉장고 문을 두드렸지만 직원들은 모두 퇴근한 뒤였다.

'만약 제때 구조되지 못하면 난 꼼짝없이 얼어 죽을 거야.'

이렇게 생각하자 몸이 점점 더 추워졌다. 닐은 절망에 빠져 바닥에 주저앉았다. 그는 두 손으로 어깨를 감싸 안고 어둠 속에서 몸을 떨었다.

다음 날 아침, 직원들은 냉장고 문을 열어 보고 까무러칠 뻔했다. 닐이 그 안에서 몸을 바짝 웅크리고 있었던 것이다. 직원들은 닐을 황급히 병원 응급실로 옮겼다. 그러나 이미 그에게는 어떤 생존의 기미도 남아 있지 않았다. 닐의 죽음은 모두에게 의아함을 남겼다. 경찰에 사건을 진술한 직원은 이렇게 말했다.

"냉장고 스위치를 내려 전원이 꺼진 상태였어요. 게다가 그건 초대형 냉장고여서 내부에 산소도 충분히 있었을 텐데 멀쩡한 사람이 얼어 죽다니요."

닐은 냉장고의 온도가 낮아서 죽은 것이 아니라, 자기 마음의 빙점 때문에 죽은 것이었다.

하버드 대학 출신으로 미국의 제32대 대통령이 된 프랭클린 루스벨트는 두려움과 관련해 이런 말을 했다.

"우리가 유일하게 두려워해야 할 것은 바로 두려움 그 자체입니다."

루스벨트의 아내 엘리너도 두려움을 인류의 최대 약점이라고 말하며 도전 앞에 망설이는 사람들에게 "자기가 두려움을 느끼는 일을 매일 하세요."라고 했다.

우리는 불확실한 미래와 인간관계 등 여러 가지에서 공포를 느낀다. 두려움은 인류에게 오래전부터 각인된 것이라 벗어나기가 쉽지 않다. 우리는 오직 두려움의 부정적인 영향을 극복할 수 있을 뿐이다. 어떻게 해야 두려움을 극복할 수 있을까? 우선 내가 두려움을 느낀다는 걸 인식하고 냉철하게 상황을 판단해야 한다. 공포에 지나치게 사로잡히면 사소한 일도 심각하게 변하기 때문이다. 만약 닐이 이성을 유지했다면 그날 기차 점검으로 냉장고 전원이 꺼진 상태라는 걸 알 수 있었을 테고, 냉장고 안 온도가 낮지 않다는 것도 깨달았을 것이다.

하버드 대학 박사인 양제리(楊傑力)는 하버드 대학 케네디 스쿨에서 "두려움에서 벗어나는 유일한 길은 두려움을 느끼지 않고 살아가는 것입니다."라고 강연했다. 그래야만 전원이 꺼진 냉장고 안에서 마음의 빙점 때문에 얼어 죽은 닐처럼 두려움이 우리 삶을 망치는 일을 피할 수 있다.

(Point)

자기가 두려움을 느끼는 일을 매일 해보라.

9강 ✳ 좌절감을 극복하는 일곱 가지 열쇠

10
강

부정적인 감정에

압도되지 않으려면

영국의 시인 엘리엇은

"인생이 행동을 결정하는 것처럼 행동도 인생을

변화시킬 수 있다."라고 했다.

자신이 원하는 상황이나 감정 상태를 계속 상상하면,

자기도 모르는 사이에 상상이 현실이 될 수도 있다.

그러므로 현재 상황이 어렵더라도

기분 좋은 '척하며' 미소와 긍정으로

자신을 북돋우는 것은 근심에서 벗어나는

매우 훌륭한 방법이다.

쉴 곳을 잃은 철새는 결국 바다에 몸을 던진다

인류는 본능적으로 일을 통해 자아를 실현하고, 도전함으로써 성취감을 느끼려는 본능이 있다. 그러나 자신을 고무줄처럼 팽팽하게 당겼는데도 좋은 성과를 거두지 못하거나, 오랜 기간 쉬지 못하고 일에만 매달리면 지치게 된다. 이렇게 심신이 지쳤을 때는 하던 일을 잠시 내려놓고 휴식할 시간과 공간을 마련해야 한다.

광활한 대서양 상공에서 이상한 일이 벌어졌다. 바닷새 수만 마리가 하늘을 빙빙 돌며 귀청이 터질 정도로 시끄럽게 계속 울어댔다. 바닷새들은 그렇게 한참을 울다가 망망한 바닷속으로 몸을 던졌다. 새들이 몸을 묻은 자리에서는 하얀 물거품이 일었다.

새들이 날던 곳엔 원래 작은 섬이 있었다. 그곳은 바다 한가운데 위치한 철새들의 안전지대였다. 그런데 지진이 한차례 일어난 뒤로 이 이름 없는 작은 섬은 바다 밑으로 가라앉아 버렸다. 그 사실을 몰랐던 철새들은 먼 거리를 이동하느라 쌓인 피로를 풀고 새 여정을 위한 힘을 비축하기 위해 이 섬을 찾아왔다. 그러나 섬은 이미 온데간데없이 사라진 뒤였다. 지칠 대로 지친 철새들은 상공을 선회하며 울었다. 그렇게 마지막 남은 힘마저 다 써 버린 뒤, 안타깝게도 새들에게는 지친 몸을 바다에 던지는 수밖에 다른 방법이 없었다.

이 철새들처럼 사람에게도 지쳤을 때 마음 놓고 쉴 장소, 즉 안전지대가 필요하다. 현대인은 경쟁이 치열한 사회에 살다 보니 심리적 부담도 크게 느낀다. 그래서 까닭 없이 짜증이 나고 몸이 여기저기 아프다. 이런 증상은 쉬어야 할 때가 되었음을 알려주는 일종의 경고다. 힘든 하루를 마치고 돌아온 밤이면 '내일은 어디 조용한 곳에서 쉬고 싶다.'라고 생각하지만, 아침이 오면 또다시 출근을 재촉한다.

이미 지칠 대로 지친 몸을 이끌고 다람쥐 쳇바퀴 도는 듯한 하루를 보내는데 정말 아무 문제가 없을까? 당연히 업무 효율은 떨어지고 정신은 피폐해지며 건강에도 빨간불이 들어온다. 긴 이동으로 지친 몸을 쉬일 장소를 잃었던 철새의 마지막을 기억하자. 몸과 마음이 지쳐 도저히 일상을 감당하기 어렵다면 모든 에너지를 소진하기 전에 자신을 돌봐야 한다. 다음 내용이 도움이 될 것이다.

완벽하기만을 고집하지 말고 자신을 돌봐라

당신은 혹시 일이 끝나지 않으면 야근을 불사하는 유형인가? 완벽하지 않은 자신을 견딜 수 없어서 채찍질하는 편인가? 이렇게 열심히 노력하고 완벽을 추구하는 것을 나무랄 수는 없다. 다만, 자신의 몸을 혹사하면서까지 애쓴다면 그것은 문제가 있다. 원래 사람의 욕심이란 끝이 없다. 완벽하기만을 고집하며 자신을 돌보지 않는다면 인생이란 긴 마라톤을 완주하기 전에 쓰러지고 말 것이다. 시야를 넓히면 욕심을 조금 내려놓을 수 있다.

억지로라도 일에서 손을 떼라

많은 사람이 더 많은 것을 차지하려는 욕심에 자신의 몸과 마음이 과부하 상태라는 걸 깨닫지 못한다. 사람은 기계가 아니다. 그래서 장기간 휴식 없이 일하면 몸과 마음이 지치고 효율도 떨어진다. 지쳤을 땐 쉬는 것밖에 답이 없다. 요즘 회사들은 직원들의 워라밸을 위해 저녁 시간이 되면 회사 전원을 강제로 차단한다고 한다. 당신도 자신을 위해 '일주일에 두 번은 정시에 퇴근하기'와 같은 규칙을 정하는 것이 어떨까? 그리고 그날은 억지로라도 밖으로 나와 가족이나 친구와 함께 풍성한 저녁 한 끼를 먹는 것이다. 규칙적인 휴식은 정신적, 육체적 피로를 풀어주고 내일을 다시 힘차게 시작하게 하는 원동력이 된다.

Point

몸과 마음이 지쳤을 때는 하던 일을 잠시 내려놓고 휴식하라.

무엇이 나를 가장 비참하게 하는가?

소피아가 근무하는 회사는 몇 년째 매출이 감소했다. 사장은 어쩔 수 없이 일부 직원들을 해고했는데 소피아도 그 대상 중 한 명이었다. 소피아는 새로운 직장을 찾아 나섰지만 마땅한 일자리를 구하지 못하자 점점 실의에 빠졌다. 상심한 그녀를 보다 못한 딸이 자기가 다니는 회사의 사무원 자리에 지원하면 어떻겠느냐고 물었다. 그 말에 소피아는 불같이 화를 냈다.

"엄마는 전 회사에서 팀장이었어. 그런데 말단 사무원으로 근무하라고?"

그날 이후 소피아는 더 의기소침해졌다. 더 이상 예전의 자신감 넘치던 사람이 아니었다. 그녀는 원래 예쁘게 꾸미고 다니길 좋아했는데 이젠 밖에 나갈 일이 있어도 슬리퍼에 잠옷 차림이었다. 또 이웃들과도 교류하지 않고 온종일 집에 틀어박혀 텔레비전만 봤다.

하루는 소피아가 시장에 갔다가 빵을 파는 노점상이 생긴 것을 발견했다. 노점 주인은 옷을 깔끔하게 차려입고 다채로운 장신구로 멋을 낸 여성이었다. 주인은 사교적인 성격이어서 소피아에게 친근하게 말을 걸었고, 둘은 잠깐 사이에 깊은 이야기까지 나누었다. 소피아와 딸에 얽힌 이야기까지 들은 주인은 눈을 크게 뜨고 말했다.

"그게 뭐 어때서요? 저도 전에는 빵공장의 책임자였는데 공장이 매각되는 바람에 지금은 빵을 팔고 있는걸요."

소피아가 놀라서 물었다.

"자신이 비참하게 느껴지지 않아요?"

주인은 큰 소리로 웃으며 대답했다.

"비참할 게 뭐 있어요. 밥을 굶는 사람도 있는데. 내 힘으로 돈을 벌어 먹고살 수 있으니 얼마나 감사한 일이에요."

소피아는 망치로 머리를 한 대 맞은 것만 같았다. 주인의 말이 옳다는 것을 깨닫자, 별안간 어디서든 일하고 싶다는 충동이 생겼다. 다음 날 소피아는 가장 멋진 옷을 차려입고 딸의 회사로 가서 사무원 자리에 이력서를 제출했다.

주변을 둘러보면 나보다 못한 사람들이 많다. 삶이 아무리 녹록지 않다고 해도 내가 세상에서 제일 불행한 사람은 아닐 것이다. 실의에 빠졌다면 소피아에게 깨달음을 준 빵 노점 주인을 떠올리며 이렇게 생각해 보자.

'나보다 못한 사람들도 많아. 비참하다는 생각을 내려놓으면 어떤 상황에서도 만족할 수 있어.'

행복한 사람은 자신이 갖지 못한 것을 남이 가진 것과 비교하지 않는다. 대신 나보다 어려운 사람도 있음을 기억하고 마음을 다잡는다. 평범한 삶을 살고 있는데 부자가 부러워지면 먹을 것이 없어서 굶주리는 사람들을 생각하자. 수입이 남들보다 적다고 느낀다면 실업자가 되어 일자리를 찾아다니는 사람들을 생각하자. 남이 가진 비싼 차, 옷 등이 부럽다면 헐벗은 사람을 생각하자. 별것 없는 내 삶도 누군가에겐 부러움의 대상일 수 있다.

어쩔 수 없이 남과 비교하게 된다면 올바른 방향으로 자신의 생각을 이끌자. 남의 행복을 보며 자신의 불행을 부각하지 말고, 세상엔 나보다 못한 사람이 있음을 기억하고 삶에 감사하는 것이다. 그러면 멀어졌던 행복이 한 걸음 다가온다. 올바른 비교를 위해 다음 내용을 참고하자.

다른 이의 성공을 질투하지 마라

우리는 성공한 사람의 화려한 면만 보고 부러워할 뿐 그 사람이 얼마나 많은 노력을 기울였는지는 생각하지 않는다. 다른 이가 성공한 모습에 질투심이 생긴다면 그 사람이 얼마나 많은 땀을 흘렸을지 생각하자. 그러면 질투로 요동치던 마음이 잠잠해지고 '나도 더 열심히 살아야지!' 하고 결심하게 된다.

자신의 불행과 남의 행복을 비교하지 마라

나의 상황이 힘들고 마음에 들지 않을 때는 모든 것이 부정적으로 보인다. 이때 다른 이의 행복한 모습을 부러워하는 것은 비참함을 가중한다. 나의 불행과 타인의 행복을 비교하는 것은, 타인의 인생에서 가장 화려한 때와 나의 가장 비참한 시절을 비교하는 것과 같다. 당신에게도 행복했던 때가 있었고, 그날이 머지않아 다시 올 것임을 기억하자.

Point

별것 없는 내 삶도 누군가에겐 부러움의 대상일 수 있다.

내 기분을 바꾸는 긍정적인 속임수

영국의 시인 엘리엇은 "인생이 행동을 결정하는 것처럼 행동도 인생을 변화시킬 수 있다."라고 했다. 자신이 원하는 상황이나 감정 상태를 계속 상상하면, 자기도 모르는 사이에 상상이 현실이 될 수도 있다. 그러므로 현재 상황이 어렵더라도 기분 좋은 '척하며' 미소와 긍정으로 자신을 북돋우는 것은 근심에서 벗어나는 매우 훌륭한 방법이다.

제니는 올해 겨우 스물두 살이지만 항상 맥없고 찌푸린 얼굴이었다. 얼굴만 봐서는 젊은이의 활기가 전혀 느껴지지 않았다. 하루는 제니가 회사 빌딩에서 보안요원으로 근무하는 중년 남자와 같이 엘리베이터를 탔다. 보안요원은 제니를 힐끗 쳐다보더니 입을 열었다.

"아가씨는 왜 그렇게 항상 인상을 쓰고 다녀요? 뭐 못마땅한 일이라도 있어요?"

제니는 무심하게 대답했다.

"별일 없어요. 그냥 기분이 안 좋을 뿐이에요."

그러자 남자가 껄껄 웃으며 말했다.

"난 또 무슨 큰 문제라도 있는 줄 알았네. 내가 방법을 하나 알려줄게요. 앞으로 기분이 안 좋을 때는 '난 기분이 좋다!' 하고 스스로에게 말한 뒤 크게 세 번 웃어 봐요. 분명 기분이 나아질 겁니다."

제니는 참 이상한 소리를 하는 아저씨라고 생각했다.

퇴근하고 집에 돌아온 제니는 피곤해서 푹 쉬고 싶었다. 그런데 집에 놀러 온 어린 조카가 그녀의 방을 엉망진창으로 만들어 놓았다. 게다가 제니가 가장 아끼는 향수를 반가량이나 여기저기 뿌린 뒤였다. 막 화가 폭발하려는 순간, 문득 엘리베이터에서 보안요원이 해준 말이 떠올랐다. 제니는 속는 셈 치고 그 말대로 해보았다.

"기분이 참 좋네. 하하하!"

처음엔 자신이 미친 사람 같았다. 그런데 그렇게 하고 나니 더 이상 화가 나지 않고 마음이 조금 편안해졌다. 그날 이후로 제니는 기분이 안 좋을 때마다 그 방법을 사용했다. 그리고 차츰 자신의 태도가 감정과 기분 상태를 좌우한다는 것을 알게 되었다. 기분이 안 좋은 일이 있더라도 기분 좋은 척하면 정말 기분이 좋아진다.

기분 좋은 척하는 건 기분을 바꾸는 마법 같은 행동이다. 실패를 겪었을 땐 "낙담하지 마. 기회는 또 있어!"라고 말해보자. 또 기분이 가라앉을 땐 "괜찮아. 내 곁엔 소중한 사람들이 있어. 그것만으로도 난 행운아야."라고 해보자. 이것을 두고 나를 속이는 행위라고 말하는 사람도 있을 것이다. 하지만 이렇게 긍정적인 에너지가 충만한 속임수로 슬픔에서 벗어날 수 있다면 가끔 자신을 속여도 괜찮지 않을까? 다음 방법이 도움이 될 것이다.

나쁜 감정이 자라지 못하게 하라

특정한 생각으로 기분이 나빠질 것 같으면 가위를 상상해서 싹둑 잘라낸다. 그래도 자꾸 생각이 난다면 생각할 틈이 없도록 바쁘게 생활하자. 공부나 일에 몰두하는 것도 좋은 방법이지만, 자꾸 생각이 비집고 들어온다면 몸을 움직이는 활동을 하는 편이 낫다.

유쾌함을 불러일으켜라

감정은 전염되기 쉽다. 우울하다면 내 주변에서 가장 유쾌한 사람을 만나자. 그리고 아무 걱정 없다는 듯 즐거운 하루를 보내는 것이다. 웃고 떠들다 보면 마음이 가벼워지고 덩달아 내 마음속 고민의 무게도 가벼워진다. 사람을 만나기 어렵다면 코미디 프로그램을 보거나 당신을 웃게 하는 일은 무엇이든 시도하라.

상상 속의 힐링 장소를 만들어라

자연이 우리 몸과 마음을 정화해 준다는 건 모두가 아는 사실이지만 쉽게 자연으로 떠날 수 있는 사람은 많지 않다. 그럴 땐 상상력의 도움을 받아보자. 눈을 감고 한적하고 아름다운 자연을 상상해 보는 것이다. 넘실대는 푸른 바닷가, 황금빛 모래사장, 파란 하늘 위 뭉게뭉게 피어오른 구름, 피톤치드를 가득 내뿜는 숲속과 졸졸 흐르는 시냇물 등. 자기 기분을 긍정적인 방향으로 이끌 줄 아는 사람은 어떤 삶의 풍파에도 끄떡없는 거인이 된다.

Point

자신의 태도가 감정과 기분 상태를 좌우한다.

나는 왜 남의 말을 꼬아서 생각할까?

다른 이의 칭찬과 호의를 있는 그대로 받아들이지 않는 사람들이 있다. 예를 들어 상사가 업무 성과를 칭찬하면 '사실 만족스럽지도 않았으면서 더 열심히 하라고 칭찬하는 거겠지.'라고 여기고, 몸이 아파서 휴가를 냈다가 출근했는데 동료들이 안부를 물으면 '사실은 관심도 없으면서 괜히 좋은 사람인 척하네.' 하고 생각하는 식이다.

이렇게 나에 대한 타인의 긍정적인 태도를 믿지 못하는 이유는 무엇일까? 하버드 대학 심리학자들은 긍정적인 면이 아닌 부정적인 면에만 초점을 맞추는 것이 자신을 방어하기 위한 행위라고 말한다. 방어 체계가 과도하게 작동하여 속임수에 걸릴 가능성에 유난히 민감하게 반응한다는 것이다.

사람은 기만당하는 것에 두려움을 느낀다. 감정이 불안한 상태일 때는 더더욱 예민해진다. 그래서 타인이 격려나 칭찬의 말을 해도 나를 속이는 게 아닐까 두려워한다. 자꾸 이런 생각이 든다면 자신에게 질문을 던져보자.

'왜 사람들이 나를 속인다고 생각할까? 나는 칭찬받을 자격이 없는 사람일까?'

그리고 생각의 초점을 부정에서 긍정으로 옮겨 보자. 나는 정말 칭찬받을 만한 일을 했고, 좋은 인상을 심어주었으며, 누군가 나를 진심으로 걱정해 주었을 수 있다. 그러니 긍정적인 반응을 얻었을 때 방어적인 태도를 취하기보다는 있는 그대로 받아들이는 것이 좋다.

부정적인 생각에 빠지면 색안경을 쓴 것처럼 오직 어두운 면만 보인다. 어쩌면 당신은 의심이 많거나 흠잡는 걸 좋아하는 사람일 수도 있다. 그럴 땐 그런 자신을 그냥 인정해 버리자. 그리고 내가 마음만 먹으면, 나와 다른 사람의 장점에도 주의를 기울일 수 있다는 것을 기억하자.

일부러 시간을 들여서라도 나와 타인의 긍정적인 면을 찾아보자. 혹시 좋은 점이 하나도 없다는 생각이 들더라도 포기하지 말고 다른 증거와 가능성을 찾아야 한다. 왜 이런 시도를 해야 할까? 그 이유는 부정적인 쪽으로 기울어져 있던 생각의 균형을 맞춤으로써, 대뇌의 긍정적인 감정을 조절하는 영역이 제 기능을 발휘하도록 자극하기 위해서다.

이러한 노력이 당장 성공을 거둘 것이라고 장담할 순 없다. 확실한 것은 생각의 초점을 부정에서 긍정으로 옮기는 것이 가능하다고 여길 땐 가능해지고, 불가능하다고 여길 땐 불가능해진다는 것이다. 어느 쪽이든 당신이 내린 결론이 정답이다. 이러한 태도는 생각하는 습관을 바꾸는 것뿐 아니라 삶 전반에도 똑같이 적용된다.

(Point)

생각의 초점을 부정에서 긍정으로 옮겨 보자.

10강 ✳ 부정적인 감정에 압도되지 않으려면

'걷어차인 고양이 효과'에서 벗어나려면

한 보험회사 사장이 아침 출근길에 아내와 한바탕 싸우고 불쾌한 기분으로 회사에 도착했다. 회사 로비에서 부사장을 만난 사장은 사소한 일로 호되게 그를 나무랐다. 부사장은 고개를 숙였지만 속은 부글부글 끓었다.

사무실로 돌아온 부사장은 때마침 서류를 정리하고 있던 비서를 발견하고는 그녀에게 잔소리를 퍼부었다.

"지금 뭐 하는 거야? 어서 오전 미팅 준비부터 해."

비서는 영문도 모른 채 타박을 받았지만 아무 말도 못했다.

미팅을 마치고 비서가 한숨 돌리고 있을 때 남자친구에게 전화가 걸려 왔다. 남자친구는 오늘 일 때문에 약속을 취소해야겠다고 했다. 비서는 순간 화가 치밀어서 "며칠 전부터 약속한 거잖아. 날 사랑하긴 하니?" 하고 퍼부었다. 평소라면 이해하고 넘어갈 일이었는데 말이다.

갑자기 여자친구에게 화풀이를 당한 남자친구는 얼떨떨한

기분으로 전화를 끊었다.

'내가 그렇게 잘못했나? 이대로 헤어지자고 하면 어쩌지?'

가슴이 바위에 짓눌린 듯 답답했다. 누구에게 하소연을 하거나 화풀이를 하고 싶은데 마땅한 상대가 없었다. 그때 발밑에 고양이 한 마리가 웅크리고 있는 게 보였다. 그는 고양이를 냅다 발로 차며 소리쳤다.

"이 멍청한 고양이 녀석이 왜 여기 있는 거야? 당장 꺼져!"

이것이 바로 부정적인 감정의 연쇄작용을 의미하는 '걷어차인 고양이 효과(kick the cat effect)'다. 나쁜 감정이 관계의 서열에 따라 연쇄작용을 일으킨다는 것은 심리학을 통해 이미 증명되었다. 다시 말해 감정은 피라미드 꼭대기에서부터 아래로 확산되므로 가장 아래에 있는 사람이 최종 피해자이자 가장 큰 분노를 감당하게 된다. 평소 냉철한 사람이라도 '걷어차인 고양이 효과'의 최종 피해자가 되면 잠시 이성을 잃을 수 있다.

살다 보면 누구나 이런 상황을 겪을 수 있다. 그렇다면 타인의 부정적인 감정을 어떻게 받아들여야 할까? 우리는 자기감정을 전환하는 방법에 대해선 배웠지만 부정적인 감정을 표출하는 사람을 어떻게 대해야 할지는 알지 못한다. 특히 직장 상사나 친구처럼 나와 밀접한 관계를 맺은 사람들이 부정적인 감정을 안고 다가오면, 그동안 자신의 감정을 다스리기 위해 터득한 여러 가지 방법도 아무런 소용이 없다. 타인으로 인해 발생하는 감정적 폭풍 속에 내가 받을 상처를 최소한으로 줄이는 것 역시 훈련이 필요한 일이기 때문이다.

우리 자신도 어쩌면 감정을 전염시키는 사슬의 일부가 되어 '걷어차인 고양이 효과'를 구현하고 있을지도 모른다. 이 연쇄작용을 멈추려면 이 작용을 알아차리고 감정의 사슬을 끊어야 한다. 누구를 탓할 것 없이 내가 먼저 정신을 똑바로 차리면 된다.

부정적인 감정에 빠진 사람과 대할 땐 이 점을 명심하자. 상대는 그저 자신의 감정을 표현하는 것뿐이다. 상대와 나를 분리하고, 그의 말과 행동에 영향받지 말아야 한다. 상대의 말이 공격성을 띠고 나를 질책하거나 조롱하더라도 그는 자신의 분노를 그런 식으로 표출하고 있을 뿐이다. 그러므로 상대가 부정적인 감정을 건네더라도 받지 말고 바닥으로 떨어지게 두자. 어떤 부정적인 것에도 반응하지 않아야 하고, 다투고 반격하고 설명하느라 시간을 낭비하지도 말아야 한다. 상대방을 가르치려는 시도는 절대 금물이다. 이는 오히려 감정을 발산할 기회를 주는 것과 같다.

상대가 부정적인 감정을 표출하는 동안 당신은 상대의 감정에 말려들지 않고 자신을 돌보면 된다. 그리고 상대가 잠잠해졌을 때 "네 마음, 이해해."와 같이 상대를 다독여 주자. 아무리 부정적인 감정으로 똘똘 뭉친 사람이라도 자신을 이해해 줄 때 마음이 녹는다. 이솝 우화의 〈해님과 바람〉처럼 사람의 두꺼운 외투를 벗기는 것은 세찬 바람이 아닌 따스한 햇살이다.

하지만 간혹 '너 죽고 나 죽자' 심보로 부정적인 감정을 전염시키려는 사람이 있다. 다른 이에게 부정성을 전가함으로써 자신은 마음의 균형을 찾으려는 것이다. 이럴 땐 중간에서 감정의 사슬을 끊으려는 노력이 먹히지 않으니 가능한 한 상대로부터 멀어지는 게 상책이다. 그런 사람은 시한폭탄과 같다. 옆에 있으면 아무리 영향받지 않으려고 노력해도 피해를 입게 될 것이다.

(Point)

상대가 부정적인 감정으로 똘똘 뭉쳐 있다면,

상대를 다독여 주자.

10강 ✳ 부정적인 감정에 압도되지 않으려면

기분이 나쁠 땐 딴청을 피워보자

나쁜 일에만 골몰하면 감정이 혼란스럽고 기분이 가라앉는다. 하지만 이 기분을 의외로 쉽게 사라지게 하는 방법이 있다. 잔 뜩 화가 나서 집으로 온 밀턴과 그의 아버지 로버트의 일화를 살펴보자.

"아빠. 잭 때문에 짜증 나 죽겠어요. 나는 개랑 뭐든 같이 하고 싶은데 잭은 항상 나와 반대로 해요."

로버트는 책가방을 내려놓자마자 불평을 늘어놓는 아들을 바라보며 말했다.

"그렇구나. 그런데 혹시 그거 아니? 요즘은 반대로 하는 게 유행이래. 하지만 그리 오래갈 것 같진 않구나."

밀턴이 눈을 동그랗게 뜨고 물었다.

"아빠도 유행에 관심이 있으셨네요. 하여튼 아빠, 난 록 음악이 좋은데 잭은 팝송이 좋대요. 록 음악은 시끄럽다고 난리예요."

로버트는 아들의 간식을 챙겨주며 말을 이었다.

"서로 음악 취향이 다른가 보구나. 그런데 밀턴, 너 요즘 자다가 깨진 않았니? 아빠가 요 며칠 밤마다 늦게까지 텔레비전을 봤거든. 네가 자는데 방해가 되진 않았는지 걱정이야."

밀턴은 곰곰이 생각하다가 대답했다.

"깬 적 없어요. 전 베개에 머리만 대면 자잖아요. 요즘 뭘 보시는데요?"

"야구 시즌이잖아. 어제 아빠가 응원하는 팀이 결승에 아슬아슬하게 올라갔단다."

밀턴의 관심은 야구로 옮겨 갔고, 아빠와 신나게 대화를 나누느라 잭과 싸운 일은 까맣게 잊었다. 저녁을 먹을 때 밀턴이 갑자기 생각난 듯 말했다.

"아빠가 계속 딴 이야기를 하시는 바람에 잭한테 화난 걸 까먹었잖아요."

로버트가 웃으며 대답했다.

"사랑하는 아들, 그건 잘된 일 아니야? 나쁜 감정은 바로바로 내쫓아야 우리를 괴롭히지 못한단다."

사실 감정은 생겼다가 시간이 지나며 사라진다. 그런데 특정한 감정에 몰입하면 그 감정이 머리와 가슴을 온통 차지해 다른 감정이 들어설 자리가 없어진다. 부정적인 감정에 휘말려 기분이 도통 나아지지 않을 땐 로버트의 지혜가 도움이 될 수 있다. 로버트는 아들의 관심을 다른 데 돌림으로써 나쁜 감정을 가볍게 몰아냈다. 관심을 다른 곳으로 옮기는 것은 자신의 감정을 조절하는 매우 효과적인 방법이다. 다음은 부정적인 감정 상태일 때 빠르게 관심을 돌릴 수 있는 방법들이다.

좋아하는 일을 한다

산책, 영화감상, 텔레비전 시청, 독서, 잡담하기 등은 기분을 가볍게 하는 일들이므로 관심을 돌리기에 매우 적합하다. 이를 통해 부정적인 감정을 몰아내고 감정이 확대되는 것을 방지할 수 있다. 새로운 활동이나 내가 흥미를 느끼는 일을 하는 것도 긍정적인 감정을 불러일으키는 데 도움이 된다.

긍정적인 시각을 가진다

같은 상황이라도 좋은 면을 보면 긍정적인 부분을 찾을 수 있고, 나쁜 면에만 초점을 맞추면 부정적인 부분만 보인다. 감정을 변화시키는 가장 단순한 방법 중 하나는, 문제가 되는 상황을 다른 시각에서 보는 것이다.

시를 읊는다

한때 이탈리아의 약국에서 파는 약 중에는 약이 들어 있지 않은 것도 있었다고 한다. 그렇다면 뭐가 들어 있었을까? 바로 심리학자와 문학가가 머리를 맞대고 선택한 시였다. 환자가 약 대신 이 시를 큰 소리로 읊으면 통증이 완화되는 효과가 있었다고 한다. 만약 좋아하는 시나 마음을 편하게 해주는 글이 있다면 외우거나 노트에 적어두자. 그리고 부정적인 감정이 밀려오거나 기분이 나빠질 때 소리 내어 읊어보자. 별것 아닌 행위지만 시를 읊는 동안 안 좋은 감정들로부터 한 걸음씩 멀어지고 정서적으로도 안정된다.

화가 가라앉지 않을 땐 색깔을 센다

도무지 화가 가라앉지 않을 때는 당장 하던 일을 멈추고 사람이 없는 곳으로 가라. 그리고 사방의 둘러보며 색깔에 주의를 기울이자.

'저건 흰색 벽, 저건 연노랑 테이블, 저건 짙은 색 의자, 저건 녹색 서류함……'

이렇게 10개 정도의 사물에 시선을 주고 색깔을 얘기하다 보면 약 30초가 지난다. 이렇게 관심을 다른 곳으로 돌리면 안 좋은 감정에 깊이 빠지지 않게 된다.

꽉 막힌 도로에서 출근이 늦을까 봐 걱정된다면, 초조해하는 대신 주변으로 시선을 돌려 길가의 나무, 어느새 자라난 풀, 독특한 차림을 한 행인들을 바라보자. 흥미로운 점을 발견할 수 있을 것이다. 차가 막힌다고 화내 봤자 문제가 해결될까? 그렇지 않다. 안 좋은 감정에 빠져 있지 말고 자신에게 숨 쉴 구멍을 내주어라.

(Point)

나쁜 감정은 바로바로 내쫓아야 우리를 괴롭히지 못한다.

10강 ✳ 부정적인 감정에 압도되지 않으려면

인터넷 주소창을 바꾸듯
생각의 페이지 전환하기

많은 사람에게 사랑받기 위해 애쓰는 사람들이 있다. 그런 사람들은 일상에서나 직장에서나 항상 타인의 요구를 우선시하는데 이는 잘못된 태도다. 만약 이것이 옳다고 믿는다면 주변 사람들의 말 한마디, 행동 하나에 예민해져서 신경쇠약에 걸릴지도 모른다. 우리는 타인의 기대에 100퍼센트 부응할 수 없다. 자신에게 지나친 부담을 지우면 자신감을 잃고 우울한 감정에 빠지게 된다.

이 외에도 우리 심신의 건강을 해치는 나쁜 습관은 또 있다. 바로 부정적인 생각을 끊임없이 하는 것이다. 하지만 부정적인 생각을 거부하는 것은 오히려 반작용의 결과를 가져올 수 있다. 그러니 부정적인 생각이 들면 억지로 거부하지 말고 생각이 지나가게 해야 한다.

그렇다면 부정적인 생각을 어떻게 지나가게 할까? 상상으로 정신적 에너지를 만들어 부정적인 생각이 긍정적인 생각의 방향으로 흘러가도록 길을 바꾸면 된다. 부정적인 생각의 원천이 어디든지 간에 심리적으로 조건반사가 일어나게 하면, 사고의 방향은 자동으로 그와 관련된 긍정적인 생각 쪽으로 흘러가게 된다.

다음은 부정적인 사고방식을 깨트리는 방법으로 심리학자들이 제안하는 '새로운 생각으로 옛 생각을 대체하기'다. 이 기법은 인터넷 페이지를 바꾸는 것과 비슷하다. 인터넷 주소창에 새로운 주소를 입력하면 금방 새로운 사이트로 바뀌는 것처럼 말이다. 다음 3단계를 차근차근 따라해 보자.

대체할 생각을 정한다

부정적인 생각을 대체할 좋은 생각을 고민하여 결정한다. 예를 들어 '난 정말 멍청이야!'라는 생각을 계속하는 사람이라면 '난 똑똑하고 능력 있어.'라는 생각으로 대체하는 것이다. 옛 생각을 새로운 생각으로 대체하여 기존의 부정적인 생각이 주는 영향을 지워낼 수 있다.

긍정적인 생각을 이미지화한다

긍정적인 생각으로 자신의 모습을 새롭게 만드는 이미지화 과정을 반복한다. '난 똑똑하고 능력 있어.'라는 생각을 이미지화하는 과정을 예로 들어보자. 자신이 강단에 서서 말을 하고 있고, 수많은 청중이 자신의 말에 귀 기울이는 모습을 상상한다. 혹은 회사 내에서 골칫거리인 문제를 내가 해결해서 동료나 상사로부터 "정말 대단해!"와 같은 칭찬을 받는 장면을 상상해도 좋다. 이런 장면을 상상하면서 훈련하면 '난 똑똑하고 능력 있어.'라는 말만 떠올려도 머릿속에 상상했던 장면들이 저절로 떠오른다.

긍정적인 이미지를 완성해 반복적으로 떠올린다

내 마음속에 있는 자신에 대한 부정적인 이미지를 긍정적인 이미지로 대체하는 하나의 장면을 완성해 반복적으로 상상한다.

자신을 영화감독이라고 상상해 보자. 만약 '자신감 없는 나'라는 기존의 부정적인 생각을 '자신감 넘치는 나'라는 긍정적인 이미지로 바꾸고자 한다면 그에 적합한 상황을 만들어야 한다.

예를 들면 이렇다. 회사 회의 시간에 동료가 당신의 제안이 얼마나 형편없는지 이야기한다. 당신은 평소라면 주눅이 들었겠지만 이번엔 자신만만하게 자신의 논리를 펼친다. 그러자 회의에 참석한 상사와 다른 이들이 "좋은데요? 멋진 생각입니다."라며 당신의 의견에 동의한다. 심지어 당신을 비웃던 동료까지 설득된 표정이다.

한 가지 참고할 점은 대뇌는 강렬한 것을 더 잘 기억하므로 상상은 과장이 심할수록 좋다. 이렇게 모든 장면을 다 구상했다면 전체 장면을 머릿속에서 상영하는 훈련을 반복한다. 처음에 5초가 걸렸다면 그 시간을 2초까지 줄이자. 최대한 빠른 시간에 상영해야 효과가 제대로 나타난다.

과거에 이미지화하는 연습을 한 적이 없다면 이 과정을 완성하기까지 꽤 시간이 걸릴 것이다. 이것은 다른 기술처럼 요령을 습득해야 하는 일이므로 속도가 느리더라도 낙담하지 말자. 계속 시도하다 보면 익숙해질 것이다.

앞에 제시한 단계를 제대로 진행한다면, 부정적인 생각은 대뇌가 자동으로 긍정적인 생각을 떠올리게 하는 신호 역할을 한다. 그래서 언제든 '난 정말 멍청이야!'라는 생각이 불쑥 떠오르면 저절로 '난 똑똑하고 능력 있어.'라는 생각으로 전환된다. 어떤가, 시간을 들여 연습할 가치가 있는 기법이지 않은가?

(**Point**)

새로운 생각으로 옛 생각을 대체한다.

10강 ✳ 부정적인 감정에 압도되지 않으려면

옮긴이 주은주

성균관대학교 일반대학원 중어중문학과 석사과정을 수료하였다. 중국어 강사로 오래 활동했으며 현재는 번역 에이전시 엔터스코리아에서 출판기획 및 중국어 전문 번역가로 활동하고 있다.

주요 역서로는 『유대인의 돈, 유대인의 경쟁력』, 『이 남자가 사는 법』, 『남과 다르게, 나답게 사는 법』, 『국보급 요리 대가가 전수하는 중국 면식 바이블』, 『아기 마음 공부』, 『흔들리지 않는 마음』 등 다수가 있다.

하버드 상위 1퍼센트의 감정조절 수업

초판 1쇄 펴낸 날 2023년 7월 20일

지 은 이 장 샤오닝
옮 긴 이 주은주
펴 낸 이 장영재
펴 낸 곳 (주)미르북컴퍼니
자 회 사 더모던
전   화 02)3141-4421
팩   스 0505-333-4428
등   록 2012년 3월 16일(제313-2012-81호)
주   소 서울시 마포구 성미산로32길 12, 2층 (우 03983)
E - mail sanhonjinju@naver.com
카   페 cafe.naver.com/mirbookcompany
인스타그램 www.instagram.com/mirbooks